Wolfgang Taschner / Michael Reimer

Die schönsten Velotouren der Schweiz

36 neue Touren

Bruckmann

Inhalt

Auf den Höhen des Jura unterwegs.

Das Veloland Schweiz lockt alle an

Das im Mai 1998 von der Stiftung Veloland ins Leben gerufene »Veloland Schweiz« ist nicht nur bei der velobegeisterten Bevölkerung auf ein lebhaftes Echo gestossen. Das Erfolgsgeheimnis liegt vor allem darin, dass die insgesamt 3300 km langen Routen vorbildlich markiert sind und abseits des Verkehrsstroms durch abwechslungsreiche Landschaften führen. Sie sprechen alle Zielgruppen von Famlien mit Kindern über Radwanderer bis hin zum Rennradler an. Ausserdem können die Touren durch das hervorragend funktionierende Schweizer Bahnsystem, dank Veloverlad, extrem flexibel gestaltet werden.
Dieser Veloführer beschreibt nicht nur einige besonders schöne Teilstrecken der neun nationalen Velorouten, sondern stellt auch lohnende regionale Abstecher vor. Er ist eine hervorragende Ergänzung zum von den gleichen Autoren vor Jahresfrist verfassten Band »Die schönsten Velotouren der Schweiz«. Wie beim Vorgängerband findet man durch die übersichtliche Gliederung in neun Schweizer Regionen rasch den Weg von seinem Urlaubsgebiet zu den beschriebenen Routen. Viele Routen lassen sich zu mehrtägigen Rund- oder Streckentouren ausdehnen. Dabei kann man sich die vielseitige Landschaft wie auch die reiche Stadtkultur genussreich erschliessen.
Übernachten ist nie ein Problem: Vom auf Familien mit Kindern eingestellten Bauernhof bis zum gepflegten Velotel liegen zahlreiche Unterkünfte am Wegesrand.

Informationen:

- Zürich: Schweiz Tourismus, Postfach, CH-8027 Zürich, Tel. 0900/552000, Internet: www.schweizferien.ch
- Frankfurt: Schweiz Tourismus, Postfach 16 07 54, D-60070 Frankfurt, Tel. 0800/10020030, Fax 0800/10020031, Internet: www.schweiz.de, eMail: info@schweiz.de
- Wien: Schweiz Tourismus, Postfach 34, A-1015 Wien, Tel. 01/5127405, Fax 01/5139335, Internet: www.schweizferien.ch, eMail: stwien@schweizferien.ch
- Fahrplanauskunft SBB: Tel. 1572222, Internet: www.sbb.ch
- Rent a Bike: Postfach, CH-4106 Therwil, Tel. 061/7269210, Fax 061/7269210
- Bike & Sleep: Velotel, Seestr. 231, CH-8820 Wädenswil, Tel. 01/6802223, Fax 01/7806564
- Schweizer Jugendherbergen: Schaffhauserstr. 14, CH-8042 Zürich, Tel. 01/3601414, Fax 01/3601460, Internet: www.youthhostel.ch
- Velobettenbörse: Tel. 1570204, Internet: www.schweizferien.ch
- Schlafen im Stroh: Katalog über Cécile Sciboz, La Prazet, CH-1733 Treyvaux, frankiertes C5-Couvert mitschicken.

Die richtige Ausrüstung für unterwegs

Eine Velotour ist natürlich nur dann ein voller Erfolg, wenn man von Pannen verschont bleibt. Wir haben daher die optimale Ausrüstung zusammengestellt, damit Sie sich völlig auf ihr Material verlassen können.

Das passende Velo

Ganz im Trend sind heutzutage die voll gefederten Bikes, mit denen man sogar stundenlang über Naturstrassen rasen kann, ohne Ermüdungserscheinungen zu verspüren – komfortabler geht es nicht. Ein Anbieter dieser hervorragenden Velos, die Firma Specialized, hält auch gleich den passenden Reifen dazu bereit: Eine Kombination aus Kevlarfasern und elastischen Stoffen schützt den Schlauch vor Glassplittern und spitzen Steinen und eine verstärkte seitliche Flanke verhindert, dass scharfe Kanten den Reifen beschädigen.

Mit dem vollgefederten Mountainbike machen die Touren gleich doppelt Spass (links).

Sehr bequem ist der ergonomisch geformte Sattel von Specialized (S. 7, oben). Als hilfreich für das Reisegepäck erweisen sich die Lenkertasche (S. 7, mitte) und das Beam-Rack (S. 7, unten).

Die optimale Bekleidung

Wer bei eisigen Temperaturen auf dem Velo friert, hat selber Schuld. Der amerikanische Fahrradhersteller Specialized hat nämlich hochfunktionelle, wärmende und trotzdem atmungsaktive Textilien entwickelt, die den Velofahrer trocken und warm halten. Wie das funktioniert? Eine winddichte und wasserabweisende Textilmembran ist so in das Trikot eingearbeitet, dass sie windempfindliche Körperteile vor dem kühlen Fahrtwind schützt, während die Rückseite extrem atmungsaktiv ist.

Karten für unterwegs

Der Verkehrsclub der Schweiz (VCS) hat 17 detaillierte Velokarten im Massstab 1:60.000 von allen interessanten Velogebieten erstellt. Die Karten sind im Buchhandel erhältlich.

Alle Tourdaten im Griff

Neben der zurückgelegten Strecke (auf 10 m genau) möchte man abends natürlich auch Durchschnitts- und Spitzengeschwindigkeit sowie die gefahrenen Höhenmeter und die Steigungen in Prozent wissen. Der HAC 4 von Ciclo Sport liefert insgesamt 57 unterschiedliche Daten, darunter auch die aktuelle Zeit, das Datum sowie die Temperatur. Und mit einem speziellen Zubehör ist auch die Messung der Herzfrequenz möglich.

Für den Transport

Der Sportartikel-Anbieter Ortlieb hat eine ganze Palette von Gepäcktaschen im Angebot. Das beginnt bei der Lenkertasche, die einfach zu montieren ist und in die normalerweise alles Notwendige für eine Tagestour passt. Wer länger unterwegs ist, für den eignet sich der Reisekoffer ›Travel-Biker‹, der mit wenigen Griffen am Velo befestigt werden kann. An einem gefederten Mountainbike kann man für Gepäck ein so genanntes Beam-Rack an der Sattelstütze befestigen.

Ostschweiz

Eine der vielfältigsten Regionen der Schweiz empfiehlt sich besonders für das Velofahren mit der Familie: Sanfte Hügel, grüne Wiesen, sanft schlängelnde Flüsse und nicht zuletzt die Uferwege des Bodensees laden zu manch gemütlicher Tour ein.

■ Information: Tourismusverband Ostschweiz, Bahnhofsplatz 1a, CH-9001 St. Gallen, Tel. 071/2 27 37 37, Fax 071/2 27 37 67, Internet: www.ostschweiz-i.ch, E-Mail: info@ostschweiz-i.ch

1 Auf den Bergrücken oberhalb des Bodensees

Kreuzlingen – Alterswilen – Romanshorn – Kreuzlingen

Die Bodensee-Region bietet besonders für Familien ideale Velorouten. Doch oft geht die Meinung darüber auseinander, ob man den besonders am Wochenende viel befahrenen Uferweg nehmen oder in Sichtweite des Sees auf dem Bergrücken durch einsame Landschaften radeln soll. Unsere Rundtour berücksichtigt beide Alternativen.

Der Bodensee, der zu den grössten Binnenseen Europas zählt, ist mit seinen zahlreichen Freizeitangeboten ein ideales Urlaubsgebiet für Familien. Gepflegte Seeanlagen, kulturelle Sehenswürdigkeiten und Badeplätze wechseln einander ab und bieten vielfältigste Freizeitbeschäftigung. Als Kontrast dazu bietet das angrenzende Hinterland mit seinen weitläufigen Obstwiesen und ausgedehnten Wäldern viel Ruhe und Erholung.
Vom Bahnhof in **Kreuzlingen** geht es zunächst weg vom Bodensee. Wir nehmen dazu die mit einer grünen Muschel gekennzeichnete Pilger-Route, die vor einigen Jahren als Wanderweg von Konstanz nach Einsiedeln eingerichtet wurde und von dort als der bekannte Jakobsweg weiter bis nach Santiago de Compostela in Nordspanien führt. Bereits bei den letzten Häusern von Kreuzlingen steigt der Weg kurzzeitig etwas an, bis er bei **Bäterschhusen** die Hauptstrasse kreuzt. Danach geht es wieder moderater weiter durch den Wald bis kurz vor **Alterswilen**. Hier verlassen wir die Pilger-Route wieder und folgen links der Seerücken-Route, die durch einen stilisierten

Erholungspause
am Ufer des Bodensees.

Baum, der auf einen Bergrücken steht, gekennzeichnet ist.
Die Seerücken-Route führt nun in Sichtweite zum See parallel zum Ufer in Richtung Osten. Auf landwirtschaftlichen Strassen und Waldwegen geht es vorbei an einzeln stehenden Höfen und

- ZIELGRUPPE: 1
- CHARAKTER: Familienfreundliche Tour, die fast ausschliesslich auf gut befestigten Radwegen abseits vom Autoverkehr über die leichten Bergrücken oberhalb des Bodensees führt. Der Rückweg erfolgt auf der beschilderten Route entlang des Seeufers.
- AUSGANGSORT: Kreuzlingen.
- ANREISE: Kreuzlingen liegt an der Bahnlinie Schaffhausen – Romanshorn sowie am Ende der Nationalstrasse N 7 aus Richtung Zürich/Winterthur.
- STRECKENVERLAUF: Kreuzlingen – Alterswilen (6 km) – Langrickenbach (10 km) – Dozwil (7 km) – Romanshorn (6 km) – Kesswil (7 km) – Kreuzlingen (14 km).
- ABKÜRZUNG: Kurz vor Dozwil kann nach Kesswil abgefahren werden, was die Gesamtstrecke um ca. 15 km verkürzt. Die Rückfahrt von Romanshorn kann auch in einem der Bodensee-Schiffe bzw. mit der Bahn zurückgelegt werden.
- LÄNGE: 50 km.
- HÖHENMETER: 110.
- REINE FAHRZEIT: 3–4 Stunden.
- ROUTEN-MARKIERUNG: Kreuzlingen – Alterswilen Pilger-Route, Alterswilen – Romanshorn Seerücken-Route, Romanshorn – Kreuzlingen Veloland-Route 2, Rhein.
- ESSEN UND TRINKEN: In allen Orten entlang der Strecke gibt es ausreichend Einkaufs- und Einkehrmöglichkeiten. Besonders auf der Rückfahrt von Romanshorn liegen zahlreiche Restaurants, Kioske, Cafés oder Eisdielen dicht beieinander.
- SEHENSWERTES:
  - Kreuzlingen: Seeburg mit Park und Museum (Mi, Sa + So 14–17 Uhr geöffnet).
  - Konstanz: Münster, historische Altstadt, Archäologisches Museum, Bodensee-Naturmuseum.
  - Romanshorn: Wasserspiel am See, Schloss mit alter Kirche.
- ÜBERNACHTUNGSTIPP: Hotel Restaurant Hecht (Velotel), Ermatingen, Tel. 071/6641615 (DZ 44–70 sFr.).
- VELOHÄNDLER/-VERLEIH:
  - Kreuzlingen: SBB am Bahnhof, Tel. 071/6724384.
  - Konstanz: Kultur-Rädle, Blarerstr. 19, Tel. 07531/27310; Radeltours, Feuchtmayerstr. 5, Tel. 07531/34793; Velotours, Mainaustr. 34, Tel. 075 31/98280.
  - Romanshorn: Velo Neuhaus, Alleestr. 54, Tel. 071/4631744; SBB, Tel. 071/4631423.
- INFORMATION:
  - Kreuzlingen: Verkehrsverein, Hauptstr. 39, Tel. 071/67238 40.
  - Konstanz: Tourist Information, Bahnhofsplatz 13, Tel. 07531/133030.
  - Amriswil: Thurgau Tourismus, Gemeindehaus, Tel. 071/4118181.
  - Romanshorn: Tourist Information, im Bahnhof, Tel. 071/4633232.

Auf dem alten Bootshaus fühlen sich die Möwen wohl.

durch kleine Ortschaften. Weiden, auf denen die Kühe grasen, wechseln sich ab mit Obstgärten; dazwischen führen immer wieder kühle Strecken durch den Wald. Je nach Jahreszeit wird an zahlreichen Bauernhöfen frisch geerntetes Obst verkauft – eine erfrischende Wegzehrung in der nächsten Pause.
Hinter **Dozwil** nähert sich die Route immer mehr dem See, von **Hungerbüel** sind es nur noch wenige Minuten hinunter nach **Romanshorn**. Das Städtchen zählt zu den Verkehrknotenpunkten am Bodensee, von hier startet auch die Fähre zur gegenüber liegenden Seite nach Friedrichshafen. Von Romanshorn führt die Veloland-Route Nr. 2 am Seeufer entlang wieder zurück nach Kreuzlingen. Die Rundtour endet dort in der Parkanlage am See, in der neben einem Heilpflanzgarten und einem kleinen Tierpark auch zahlreiche Einkehrmöglichkeiten vorhanden sind.

2 Die Velostadt

Rundtour in und um Winterthur

Die sechstgrösste Stadt der Schweiz hat in den letzten 25 Jahren mit grossem Aufwand den Veloverkehr gefördert. Heute geniessen deshalb die Velofahrer hier besondere Vorteile.

Die Stadt **Winterthur** ist durch die dort ansässigen Industriebetriebe, Handelsunternehmen und Versicherungsbetriebe weit über die Grenzen der Schweiz hinaus bekannt. Das Velo war schon zur Zeit der Industrialisierung das wichtigste Verkehrsmittel der Einwohner. Daran hat sich auch heute nichts geändert, Velofahrer prägen das Bild der Stadt. In den letzten 25 Jahren hat die Stadtverwaltung ein 175 km langes Radtourennetz ausgebaut, wobei zahlreiche Einbahnstrassen für den Velogegenverkehr geöffnet und an den Lichtsignal-Anlagen verlängerte Grünzeiten und spezielle Bodenmarkierungen für Velofahrer eingerichtet wurden. Grund genug, die 90.000-Einwohner-Stadt mit dem Velo zu erkunden, zumal Winterthur auch als die Stadt der Museen bekannt ist – insgesamt 16 Häuser warten auf ihre Besucher. Zwei Dinge gilt es dabei zu beachten: Montags sind alle Ausstellungen geschlossen, und mit dem Museumspass des Tourist Service im Hauptbahnhof können 15 Museen für 20 Franken besucht werden.
Die Besichtigungsfahrt durch Winterthur beginnt am **Hauptbahnhof**, in dem die SBB auch Mietvelos verleiht. Von hier geht es direkt

- Zielgruppe: 2
- Charakter: Rundtour durch Winterthur auf Radwegen vorbei an den wichtigsten Sehenswürdigkeiten mit anschliessendem kleinen Ausflug zum nahe gelegenen Schloss Kyburg. Wegen des Stadtverkehrs ist die Tour weniger für kleine Kinder geeignet.
- Ausgangsort: Bahnhof Winterthur.
- Anreise: Winterthur ist sowohl mit der Bahn als auch mit dem Auto problemlos zu erreichen. Autofahrer finden in der Nähe des Hauptbahnhofs mehrere Parkhäuser.
- Streckenverlauf: Siehe Text.
- Abkürzung: Jederzeit möglich.
- Länge: 20 km.
- Höhenmeter: 100, mit Schloss Kyburg nochmals 150.
- Reine Fahrzeit: 2 Stunden.
- Sehenswertes: wegen der Vielzahl siehe Text.
- Essen und Trinken: Die meisten Museen sind mit einem Café ausgestattet. Ansonsten zahlreiche Restaurants auf der Route.
- Übernachtungstipp: Übernachtungsmöglichkeiten in Winterthur und Umgebung sind über das Büro des Tourist Service im Hauptbahnhof bzw. unter Tel. 052/2676700 zu erfahren; dort auch Reservierungen möglich.
- Velohändler/-verleih: Bahnhof SBB, Tel. 061/7269210.
- Information: Tourist Service, Hauptbahnhof, Tel. 052/2692666, Fax 052/2692660, im Internet unter www.stadt-winterthur.ch.

auf die Stadthausstrasse. Nach wenigen hundert Metern liegt bereits links am **Stadtgarten** das **Museum Oskar Reinhart** (Di 10–20 Uhr, Mi–So 10–17 Uhr). Über 500 Gemälde, Zeichnungen und Plastiken geben einen geschlossenen Überblick über die deutsche, österreichische und schweizerische Kunst vom 18. bis ins frühe 20. Jahrhundert. Wer lieber die Gemälde Alter Meister bewundert, wird schräg gegenüber im **Museum Briner und Kern** (Di–Sa 14–17 Uhr, So 10–12 und 14–17 Uhr) fündig.

Der weitere Weg führt über die Marktgasse wieder ein Stück zurück Richtung Hauptbahnhof. Linker Hand befindet sich hier die **Kunsthalle** (Di–Fr 14–18 Uhr, Sa 10–12 und 14–16 Uhr, So 10–16 Uhr, Eintritt frei) mit Wechselausstellungen zeitgenössischer Kunst. Unmittelbar daneben gibt es am Kirchplatz gleich zwei Museen in einem Haus: das **Gewerbemuseum** (Di–So 10–17 Uhr, Do bis 20 Uhr, Eintritt frei) mit aktuellen Ausstellungen zu Druck, Gebrauchsgrafik und Design sowie die **Uhrensammlung Kellenberger** (Di–So 10–17 Uhr, Do bis 20 Uhr, Eintritt frei) mit Eisenuhren des 16. und 17. Jahrhunderts.

Vom Kirchplatz geht es über die Schul-, Ober- und Marktgasse links den Graben hinunter bis zur Museumsstrasse, wo direkt an der Kreuzung im **Kunstmuseum** (Di 10–20 Uhr, Mi–So 10-17 Uhr) eine bedeutende Sammlung internationaler Kunst vom 19. Jahrhundert bis zur Gegenwart untergebracht ist. Gleich daneben zeigt die **Naturwissenschaftliche Sammlung** (Di–So 10–17 Uhr, Eintritt frei) Mineralien und Gesteine, Modelle unserer Berge sowie Tiere und Pflanzen aus der Heimat.

Ein Stück die Lindstrasse hinunter folgen auf der rechten Seite bereits **Münzkabinett und Antikensammlung** (Di, Mi, Sa, So 14–17 Uhr, Eintritt frei). Danach heisst es erst einmal kräftig in die Pedale treten, die Lindstrasse geht in die Schaffhauserstrasse über, nach einem kurzen Anstieg kommt auf der rechten Seite in einem herrlichen Garten mit Ginko- und Sequoia-Bäumen das **internationale Baum-Archiv** (Fr 10–12 und 15–20 Uhr, Sa 11–17 Uhr). In einer ehemaligen Privatvilla sind hervorragende Fotografien bedeutender Bäume und Wälder aus 12 Ländern ausgestellt.

Das alte Schloss Hegi.

Zum nächsten Museum geht es zunächst auf der Schaffhauserstrasse entlang ein Stück zurück Richtung Innenstadt, dann links auf die Rychenbergstrasse und nochmals links den Berg hinauf auf die Haldenstrasse, an deren Ende hoch über der Stadt die

Sammlung **Oskar Reinhard am Römerholz** (Di–So 10–17 Uhr) liegt. Im ehemaligen Wohnhaus des Winterthurer Fabrikanten ist eine der weltweit bedeutendsten Privatsammlungen mit etwa 200 europäischen Kunstwerken von der Spätgotik bis zur klassischen Moderne untergebracht. Nach so viel Kunst rollen wir mit dem Velo über die Eichwald-, Tössertobel und Bäumlistrasse gemütlich am Waldrand vom Lindberg entlang und erreichen nach einer kleinen Abfahrt über die Lindberg-, Römer und Frauenfeldstrasse das **Technorama der Schweiz** (Di–So 10–17 Uhr, an Feiertagen auch Mo geöffnet). Hier werden Wissenschaft und Technik auf vergnügliche und oft auch auf verblüffende Art verständlich gemacht.

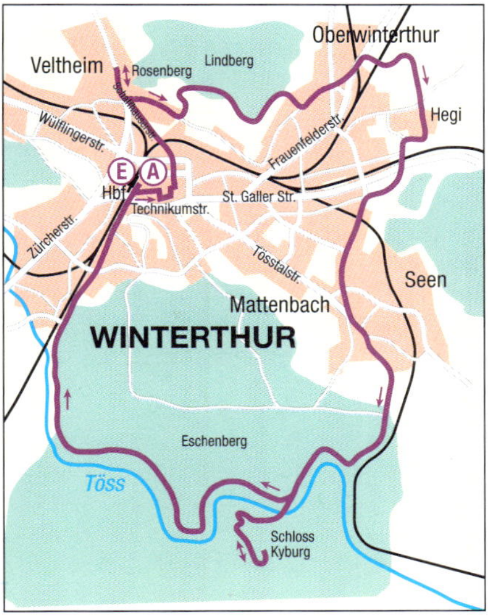

Direkt beim Parkplatz des Technorama bringt uns eine Unterführung unter den Bahngleisen hindurch, und über die Flugplatzstrasse erreichen wir das **Schloss Hegi** (Di–Do und Sa 14–17 Uhr, So 10–12 Uhr und 14–17 Uhr, November bis Februar geschlossen, Eintritt frei). Von dort geht es dann geradeaus weiter bis zur Mettlenstrasse, in der sich die alte **Mühle Hegi** mit einen vier Meter grossen Wasserrad befindet. Das gleichnamige Restaurant bietet sich für eine gemütliche Rast an.

Über die Mettlen-, Rumker-, Ohrbühl-, Seener- und Tösstalerstrasse geht es jetzt hinaus aus der Stadt bis in den Weiler Sennhof. Von hier führt die Linsentalstrasse auf einem stotzigen Anstieg hinauf zum **Schloss Kyburg** (März–Oktober Di–So 9–12 Uhr und 13–17.30 Uhr, November, Januar und Februar Di–So 10–12 Uhr und 13–16 Uhr, Dezember geschlossen), der bedeutendsten Burganlage der Ostschweiz. Eine Ausstellung erzählt Geschichten aus dem Alltag der letzten 900 Jahre.

Auf dem gleichen Weg geht es wieder hinunter ins Tal der Töss, hinter der Brücke halten wir uns links und erreichen nach einer gemütlichen Fahrt durch den Wald wieder das Stadtgebiet von Winterthur. Die Rückroute zum Hauptbahnhof ist hinreichend beschildert und führt immer auf der rechten Seite der Bahngleise entlang.

3 Der See oben in den Bergen

Rapperswil/Pfäffikon – Altendorf – Vorderthal – Wägithaler See und zurück

Welch ein Gegensatz: Unten liegt der Zürichsee mit all seiner Betriebsamkeit und den unzähligen Attraktionen, oben der zwischen den Berggipfeln gelegene Stausee mit seiner Ruhe und Abgeschiedenheit. Doch dazwischen liegt ein langer zäher Anstieg.

Seit Mitte des 19. Jahrhunderts teilt ein aufgeschütteter Damm zwischen **Rapperswil** und Pfäffikon den Zürichsee. Das hoch über Rapperswil aufragende Schloss scheint den Damm zu bewachen, obwohl es natürlich schon Jahrhunderte zuvor erbaut worden ist. Während eines Schlossrundgangs gelangt man auch in den Gügeler-Turm, von dem bei schönem Wetter eine hervorragende Rundumsicht über die Stadt, den See und die umliegenden Berge möglich ist. Hoch droben in den Bergen, etwas unterhalb des 2092 m hohen Fluebrig, liegt das heutige Etappenziel, der Wägithalersee.

Pfäffikon, am anderen Ende des etwa 4 km langen Zürichsee-Damms gelegen, ist genauso wie Rapperswil hervorragend mit der Bahn zu erreichen. Von Zürich verkehrt die S-Bahn beispielsweise regelmässig alle 30 Minuten. Die Fahrt mit dem Velo über den Damm geht relativ schnell vonstatten, neben der Strasse verläuft eine eigene Velospur.

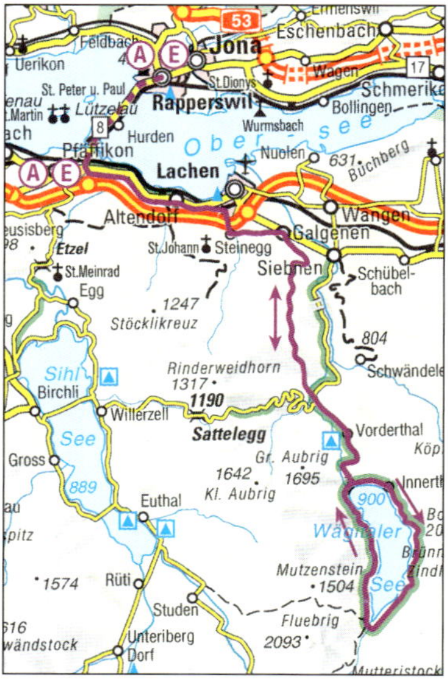

Von Pfäffikon geht es zunächst entlang der viel befahrenen Autostrasse in Richtung **Altendorf**. Nach ungefähr 4 km zweigt rechts eine Strasse ab (Wegweiser ›Industrie Breiten‹), die links neben der Autobahn verläuft und deutlich weniger befahren ist. 2 km weiter geht es rechts auf der Steineggstrasse unter der Autobahn hindurch Richtung Steinegg und kurz darauf auf der Allmeindstrasse (Wegweiser ›Jakobsweg‹) nach **Galgenen**. Am Ortsende beginnt nun der erste grössere Anstieg hinauf nach **Vorderberg**, in einer Kurve liegt einladend das Gasthaus Gusöteli.

Idylle am Zürichsee.

Die weitere Richtung ist nun durch den Vorderthaler Höhenweg vorgegeben. Vorbei an abseits gelegenen Bauernhöfen und weitläufigen Weidegebieten führt die schmale Strasse mal extrem steil, mal etwas flacher den Bergsattel hinauf. Kurz vor **Vorderthal** ist der anstrengendste Teil überwunden, auf ebener Strecke pedalen wir durch den kühlen Wald.

In dem kleinen Ort Vorderthal bietet sich die Möglichkeit zu einer kleinen Pause in einem der Gasthäuser, bevor auf der recht stotzigen Strasse hinauf zum Stausee die letzten Kräfte mobilisiert werden müssen. Endlich ist die Staumauer erreicht und der See taucht unversehens auf.

Die 13 km lange Rundfahrt um den **Wägithalersee** erfolgt im Uhrzeigersinn, also von der Staumauer aus links herum. In kurzen Abständen kommt man immer wieder an Gasthöfen und Badeplätzen vorbei. Wer frühzeitig aufgebrochen ist, kann hier oben einen entspannten Tag in schöner Umgebung verbringen. Die Rückfahrt nach Pfäffikon bzw. Rapperswil erfolgt auf dem gleichen Weg, wobei es hinunter natürlich wesentlich schneller geht als hinauf.

- ZIELGRUPPE: 3
- CHARAKTER: Kräftiger Anstieg auf abseits gelegenen asphaltierten landwirtschaftlichen Strassen inmitten einer herrlichen Alplandschaft. Rundfahrt um den schön gelegenen Wägitalersee und abschliessende rasante Abfahrt zum Ausgangsort.
- AUSGANGSORT: Rapperswil/ Pfäffikon.
- ANREISE: Beide Orte sind sowohl über die Fernstrecke der SBB als auch über das S-Bahn-Netz von Zürich aus sehr gut zu erreichen. Mit dem Auto erfolgt die Anfahrt über die N3.
- STRECKENVERLAUF: Rapperswil 🚉 – Pfäffikon 🚉 (4 km) – Altendorf 🚉 (4 km) – Steinegg (3 km) – Vorderthal (8 km) – Staumauer Wägithalersee (4 km) – Seeumrundung (13 km) – Pfäffikon 🚉 (19 km) – Rapperswil 🚉 (4 km).
- KOMBINATION: In Pfäffikon endet die Tour 4.
- LÄNGE: Ab Pfäffikon 52 km, ab Rapperswil 59 km.
- HÖHENMETER: 850
- REINE FAHRZEIT: 4 Stunden.
- ESSEN UND TRINKEN: In Vorderthal sowie rund um den Wägithalersee gibt es etliche Einkehrmöglichkeiten.
- SEHENSWERTES: Rapperswil: Schloss, Altstadt, Rosengärten, Circus Museum.
- ÜBERNACHTUNGSTIPP: Gasthaus Stausee, Wägitalersee, 8858 Innerthal, Tel. 055/69 12 79.
- VELOVERLEIH:
  - Rapperswil: Bahnhof SBB, Tel. 055/2 10 14 06.
  - Pfäffikon: Bahnhof SBB, Tel. 01/9 50 11 59.
- INFORMATION: Rapperswil: Tourist Information, Fischmarktplatz 1, Tel. 055/ 2 20 57 57, Fax 055/2 20 57 50.

4 Durch das Glarnerland

Linthal – Glarus – Niederurnen – Rapperswil

Noch ist das Glarnerland ein touristischer Geheimtipp. Saubere Bäche, idyllische Wälder und weitläufige Weiden sind die Kulisse auf dieser Tour, die weiter zu den Ufern des Zürichsees führt. Der Weg verläuft die meiste Zeit leicht bergab.

Wer mit der Bahn zum Ausgangspunkt Linthal anreist, kann sich bei der Anfahrt bereits mit einem Großteil der Strecke vertraut machen. Mit langsamer Geschwindigkeit fährt die Nebenbahn gemütlich in die Höhe, vor schweisstreibenen Anstiegen bleibt der Velofahrer heute verschont. Bereits vom Bahnhof in **Linthal** rauscht man genüsslich in die Tiefe, und ehe man sich versieht, ist man schon wieder in **Glarus** angelangt. Die Orientierung ist ausgesprochen einfach, die Schilder der Velolandroute 4 verweisen zuverlässig auf den richtigen Weg.

- Zielgruppe: 2, bis Niederurnen 1
- Charakter: Gemütliche Fahrt auf gut befestigten Velowegen, teilweise mit einer leichten Abfahrt.
- Ausgangsort: Linthal.
- Anreise: Linthal ist mit der Bahn im Stundentakt ab Ziegelbrücke zu erreichen. Mit dem Auto nimmt man auf der N 3 die Ausfahrt Niederurnen und fährt dann bis Linthal.
- Streckenverlauf: Linthal – Glarus (17 km) – Mollis (8 km) – Niederurnen (6 km) – Schmerikon (11 km) – Rapperswil (12 km).
- Abkürzung: Wer möchte, kann die Tour bereits in Niederurnen beenden und mit der Bahn nach Linthal zurückkehren.
- Kombination: In Rapperswil beginnt die Tour 3.
- Länge: 54 km.
- Höhenmeter: Steigung: 40; Abfahrt: 260.
- Reine Fahrzeit: 3 Stunden.
- Routen-Markierung: Veloland-Route 4, Alpenpanorama.
- Essen und Trinken: Entlang der Strecke gibt es ausreichend Einkaufs- und Einkehrmöglichkeiten.
- Sehenswertes:
  - Näfels: Museum des Landes Glarus im Freulerpalast, Tel. 055/ 6 12 13 78.
  - Rapperswil: Schloss, Altstadt, Rosengärten, Circus Museum.
- Übernachtungstipp: Zimmervermittlung durch die einzelnen Tourismus Informationen in den jeweiligen Orten.
- Velohändler/-verleih:
  - Linthal: Bahnhof SBB, Tel. 055/643 13 27.
  - Rapperswil: Bahnhof SBB, Tel. 055/2 10 14 06.
- Information:
  - Linthal: Verkehrsbüro, Klausenstrasse, Tel. 055/643 39 17, Fax 055/643 39 14.
  - Glarus: Verkehrsverein Glarus-Riedern, Tel. 055/640 15 06.
  - Näfels: Verkehrsverein, Im Dorf 1, Tel. 055/6 12 43 23.
  - Glarnerland Tourismus, Autobahnraststätte Niederurnen, Tel. 055/6 10 21 25.
  - Rapperswil: Tourist Information, Fischmarktplatz 1, Tel. 055/2 20 57 57, Fax 055/2 20 57 50.

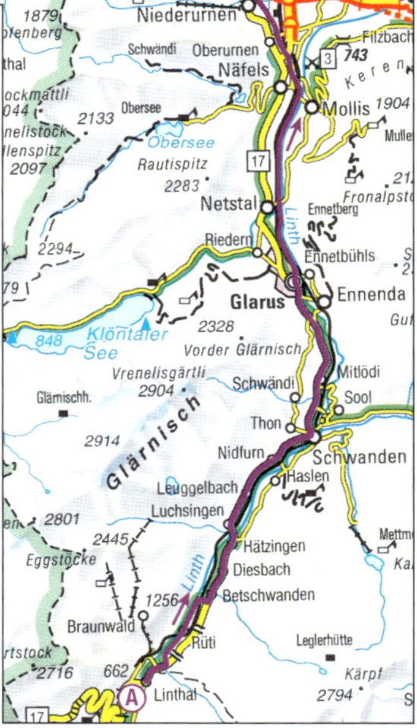

Glarus wurde bereits vor über 1200 Jahren gegründet. Ihren wirtschaftlichen Höhepunkt hatte die 5000-Seelen-Gemeinde Mitte des 19. Jahrhunderts als Zentrum der Textilindustrie, bis ein Großbrand fast alle Häuser auf einen Schlag zerstörte. Der Wiederaufbau erfolgte nach einem grosszügigen Entwurf und so zählt Glarus heute zu den bedeutendsten städtebaulichen Neuschöpfungen der Schweiz. Empfehlenswert sind das Schwimmbad des Ortes sowie mehrere in der Nähe liegende Spielplätze und Rastanlagen; die Route führt direkt daran vorbei.

Hinter Glarus führt die Strecke direkt am Linthufer entlang nach **Netstal** und von dort weiter über **Mollis/Näfels** nach **Niederurnen**. Wer schon genug vom Pedalieren hat, kann hier die Tour abbrechen, was beispielsweise für kleine Kinder zu empfehlen ist. Jetzt geht es relativ flach in Richtung Zürichsee. Zunächst wird bei Bilten die Autobahn überquert, wer möchte kann entgegen der Veloland-Wegweiser gleich danach dem Uferweg auf der rechten Seite des Linthkanals folgen.

Nach einer etwa 7 km langen etwas eintönigen Fahrt am Kanal entlang kommt man am Landgasthof Schloss Grynau vorbei (Di ab 14 Uhr und Mi geschlossen); hier wird auch hinüber auf die linke Uferseite gewechselt. Bei Schmerikon erreichen wir bereits den Obersee und auf dem markierten Veloweg geht es rasch dahin bis **Rapperswil**.

Zentralschweiz

Eingerahmt von den Bergen liegt der Vierwaldstätter See im Herzen der Schweiz – eine Bilderbuchlandschaft zum Verlieben. Für Velofahrer bieten sich gleichermassen imposante Bergfahrten sowie Flachetappen entlang der Flüsse und Seen an.

■ Information: Zentralschweiz-Tourismus, Alpenstr. 1, CH-6002 Luzern, Tel. 041/4184080, Fax 4184081, Internet: www.centralswitzerland.ch, E-Mail: information.cent@centralswitzerland.ch

5 Im Tal der Reuss

Affoltern a. A. – Obfelden – Mühlau – Cham – Zug

Die angenehme Ruhe in der Reussebene und die vielseitigen Freizeitaktivitäten am Zuger See bilden einen angenehmen Kontrast für einen Tagesausflug.

Die Zuger Kirschtorte hat sich international in Konditoreien und Restaurants ihren festen Platz erobert. Das schmackhafte Spitzengebäck hat diesen bemerkenswerten Status in weniger als 100 Jahren erreicht: 1913 eröffnete der aus dem Appenzellischen stammende Konditormeister Heiri Höhn an der Alpenstrasse in Zug seinen Laden. Neben dem Können des Konditors hat vor allem der Häfelibrand dazu beigetragen, dass unzählige Kirschtorten ihren Weg von Zug in alle Welt gefunden haben. Doch vor dem Genuss der ›Königin der Torten‹ steht die Velofahrt entlang des Ufers der Reuss bis an den Zuger See. Doch keine Bange, diese Etappe ist weder extrem lang noch übertrieben anstrengend.
Gestartet wird in **Affoltern am Albis**. Wir verlassen vom Bahnhof aus rechts in Richtung Obfelden den Ort, biegen nach etwa 1,5 km rechts nach **Bickwil** ab und kommen über einen Wanderweg nach **Ottenbach**. Hier folgen wir dem Wegweiser nach Muri und gelangen in einer kurzen Abfahrt ins Tal der Reuss. Das Gasthaus Reussbrücke bietet sich für eine erste Pause an.
Hinter der Brücke beginnt am linken Flussufer ein Naturweg, der nach heftigen Regenfällen nicht ganz einfach zu befahren ist. Im Notfall das Velo ein Stück weit schieben. Nach etwa 3 km wird der Weg zusehends besser, die restliche Strecke bis **Mühlau** können wir sogar auf dem Damm zurücklegen.
Wer in Mühlau einen Zwischenstopp einlegen möchte, kann das kurze Stück in den Ort hinüber fahren, ansonsten verlassen wir jetzt den Fluss und gelangen über Seitenstrassen nach **Maschwanden**. Die Route ist ab der Reuss bis nach Cham gekennzeichnet, der Wegweiser gilt für die ›Drei-Kantone-Tour‹.

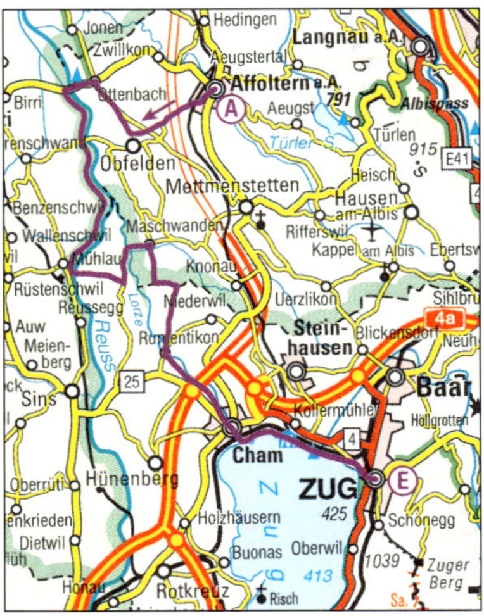

Im Tal der Reuss.

Die weiteren Orte bis zum Zuger See sind **Frauental, Hagendorn** und **Lindencham**. Nach der Unterquerung der Autobahn sind es dann nur noch wenige Minuten bis ins Zentrum von **Cham**. Hier erreichen wir die Veloland-Route 9, der wir am Seeufer entlang bis **Zug** folgen. Dort wartet bereits die eingangs erwähnte Kirschtorte in einem der Cafés der Stadt auf uns.

- ZIELGRUPPE: 2
- CHARAKTER: Einfache und gemütliche Tour durch die Aargauische Reussebene und weiter am Zuger See entlang. Häufig wechselnder Strassenbelag, jedoch kaum Autoverkehr.
- AUSGANGSORT: Affoltern am Albis.
- ANREISE: Affoltern ist von Zürich sowohl mit der Bahn als auch mit dem Auto in einer halben Stunde zu erreichen. Die Rückkehr von Zug kann mit der Bahn erfolgen.
- STRECKENVERLAUF: Affoltern – Ottenbach (5 km) – Mühlau (8 km) – Cham (12 km) – Zug (5 km).
- KOMBINATION: In Cham endet die Tour 6.
- LÄNGE: 30 km.
- HÖHENMETER: Steigung: 60; Abfahrt: 120.
- REINE FAHRZEIT: 2 Stunden.
- ROUTEN-MARKIERUNG: Ab Mühlau ›Drei-Kantone-Tour‹.
- ESSEN UND TRINKEN: In allen durchfahrenen Orten entlang der Strecke gibt es ausreichend Einkaufs- und Einkehrmöglichkeiten. Lediglich das Stück entlang der Reuss bietet nichts.
- SEHENSWERTES:
  - Cham: Vilette-Park und Seebad.
  - Zug: Altstadt mit Regierungsgebäude, Rathaus, Zytturm, Kaufhaus und Münz.
- ÜBERNACHTUNGSTIPP: Übernachtungsmöglichkeiten am Zuger See und Umgebung sind über die beiden Verkehrsbüros in Cham und Zug zu erfahren.
- VELOVERLEIH:
  - Cham: Zwischen Mandelhof und Restaurant Kreuz von Mai–Oktober zwischen 9 und 21 Uhr kostenloser Veloverleih gegen Depot eines gültigen Personalausweises.
  - Zug: Beim Bundesplatz von Mai–Oktober zwischen 9 und 21 Uhr kostenloser Veloverleih gegen Depot eines gültigen Personalausweises; Bahnhof SBB, Tel. 041/7113988.
- INFORMATION:
  - Cham: Verkehrsbüro, Dorfplatz 6, Tel. 041/7803222, Fax 041/7809039.
  - Zug: Tourismusbüro, Alpenstr. 16, Tel. 041/71100787, Fax 041/107920.

6 Vom Vierwaldstätter an den Zuger See

Luzern – Emmen – Cham – Zug

Obwohl sich Vierwaldstätter See und Luzern bereits von ihrer schönsten Seite zeigen, lohnt sich eine Ausflugsfahrt an den Zuger See. Zumal, wenn der Veloweg dorthin entlang des Flussufers der Reuss führt.

Ein Spaziergang durch **Luzern** offenbart die schönsten Geheimnisse der Stadt: Enge Gassen führen über Brücken, Promenaden und Plätze vorbei an mittelalterlichen Türmen, Brunnen, schönen Häusern und imposanten Kirchen. Die Zeit verrinnt wie im Flug. Wenn danach wieder die Lust nach freier Natur aufkommt, empfiehlt sich eine kleine Halbtagstour zum Zuger See.
Die Route beginnt am Bahnhof von Luzern und führt geradewegs an den bekanntesten Sehenswürdigkeiten der Stadt vorbei, der Kapellbrücke und dem Wasserturm. Errichtet in der ersten Hälfte des 14. Jahrhunderts als Teil der Stadtbefestigung, hat die Kapellbrücke ihren Namen von der benachbarten St.-Peters-Kapelle. Das Bauwerk mit den Bildtafeln im Innern wurde 1993 nach einem Grossbrand wieder originalgetreu aufgebaut. Ebenfalls Teil der Stadtbefestigung ist der um das Jahr 1300 erbaute Wasserturm, heute das Wahrzeichen der Stadt und eines der meistfotografierten Denkmäler der Schweiz.
Der Weg aus der Stadt ist ausgesprochen einfach, man braucht nur den Hinweisschildern der Veloland-Route 9 zu folgen. Von **Emmen**

Auf dem Weg nach Zug.

- ZIELGRUPPE: 2
- CHARAKTER: Einfache und kurze Velofahrt zwischen den beiden Seen. Gut befestigte Velowege zumeist abseits vom Autoverkehr.
- AUSGANGSORT: Luzern.
- ANREISE: Luzern ist mit der Bahn sowie über die Nationalstrassen N2 bzw. N14 problemlos zu erreichen. Die Rückfahrt von Zug erfolgt mit der Bahn.
- STRECKENVERLAUF: Luzern – Emmen (6 km) – Gisikon (9 km) – Rotkreuz (4 km) – Cham (6 km) – Zug (5 km).
- ABKÜRZUNG: Wer möchte, kann auch schon von Cham die Bahn zurück nach Luzern nehmen.
- KOMBINATION: Durch Cham führt auch die Tour 5 und in Luzern endet die Tour 8.
- LÄNGE: 30 km.
- HÖHENMETER: Steigung: 60; Abfahrt: 80.
- REINE FAHRZEIT: 2 Stunden.
- ROUTEN-MARKIERUNG: Veloland-Route 9, Seen-Route.
- ESSEN UND TRINKEN: In Cham und Zug gibt es zahlreiche Cafés, Restaurants und Kioske. Für das Teilstück entlang der Reuss empfiehlt sich die Mitnahme eines Getränks.
- SEHENSWERTES:
  - Luzern: Kapellbrücke, Wasserturm, zahlreiche Kirchen und Rennaissancebauten, Uferpromenade.
  - Cham und Zug: Siehe Tour 5.
- ÜBERNACHTUNGSTIPP: Hotel Royal (Velotel), Rigistr. 22, Tel. 041/2401001.
- VELOHÄNDLER/-VERLEIH:
  - Luzern: Bahnhof SBB, Tel. 0512/273260.
  - Cham: Zwischen Mandelhof und Restaurant Kreuz von Mai–Oktober zwischen 9 und 21 Uhr kostenloser Veloverleih gegen Depot eines gültigen Personalausweises.
  - Zug: Beim Bundesplatz von Mai–Oktober zwischen 9 und 21 Uhr kostenloser Veloverleih gegen Depot eines gültigen Personalausweises; Bahnhof SBB, Tel. 041/7113988.
- INFORMATION:
  - Luzern: Tourist Information, Frankenstr. 1, Tel. 041/4107171.
  - Cham: Verkehrsbüro, Dorfplatz 6, Tel. 041/7803222, Fax 041/7809039.
  - Zug: Tourismusbüro, Alpenstr. 16, Tel. 041/71100787, Fax 041/107920.

Seebad in Cham am Zuger See.

bis **Gisikon** geht es nun unbehelligt vom Autoverkehr auf einem gut befestigten Veloweg der Reuss entlang. Was jedoch nicht bedeutet, dass man nicht zeitweise den Lärm von der nahe gelegenen Autobahn deutlich hört.
In Gisikon weisen die Hinweisschilder rechts über die Brücke und von dort der Strasse entlang nach **Rotkreuz**. Wer jedoch über einen einigermassen guten Orientierungssinn verfügt, kann weiterhin am rechten Flussufer bleiben und kommt dann über einige Feldwege ebenfalls in Rotkreuz heraus.
Hinter dem Golfplatz in Rotkreuz beginnt ein sehr schöner asphaltierter Veloweg, der bis hinunter nach **Cham** führt. Dort lohnt sich in jedem Fall ein Besuch des Strandbads, bevor es weiter auf der Veloland-Route 9 nach **Zug** geht.

7 Abfahrt vom Brünigpass

Brünigpass – Langerer See – Sarner See – Alpnach – Stansstad – Luzern

Die Brünigbahn bringt uns rasch hinauf zum Brünigpass. Von dort erfolgt eine gemütliche Abfahrt durch den Kanton Obwalden, vobei an drei herrlichen Bergseen. Ziel ist Luzern, der beliebte Ferienort am Vierwaldstätter See.

Brauchtum wurde im Kanton Obwalden schon immer ausgiebig gepflegt. Der Betruf – ein abendlicher Gesang der Älpler zum Schutz der Familie, der Gebäude und des Viehs – gehört ebenso dazu wie das **Samichlaustrinkeln**, bei dem Anfang Dezember verkleidete Schulbuben von Haus zu Haus ziehen und Gebäck verteilen, für das sie dann eine Geldgabe erhalten. Eine Art Erntedankfest ist das **Älplerchilbi**, das frühmorgens mit einem Gottesdienst beginnt. Der beauftragte Ehrenprediger wird traditionsgemäss danach mit einem Laib Käse belohnt. Anschliessend treten die beiden wichtigsten Gestalten des Fests auf, das **Wildwyb** und der **Wildma**. Mit dem **Grötzä**, einem bis auf den Wipfel entastetes und entrindetes Tännchen, wischen sie Strassen und Plätze für die Ehrengäste und vertreiben die vorwitzigen Kinder und Jugendlichen. Während die Älpler ihr **Znyni** essen, jagen die Wilden die Jugend durch das Dorf, wobei sie bisweilen auch Chräpfli und Nüsse auswerfen.

Per Schiff über den Vierwaldstätter See.

- ZIELGRUPPE: 2
- CHARAKTER: Längere Abfahrt vom Brünigpass auf asphaltierten Strassen, zumeist mit Autoverkehr. An den Seen bieten sich zahlreiche Bademöglichkeiten
- AUSGANGSORT: Bahnhof Bürgli.
- ANREISE: Anfahrt mit der Brünigbahn von Luzern. Luzern ist mit der Bahn sowie über die Nationalstrassen N2 bzw. N 14 problemlos zu erreichen.
- STRECKENVERLAUF: Bahnhof Bürgli – Lungern (6 km) – Giswil (6 km) – Sarnen (12 km) – Alpnach (9 km) – Stansstad (8 km) – Luzern (16 km).
- ABKÜRZUNG: Wer möchte, kann die Tour auch bereits in Alpnach oder Stansstad beenden und von dort mit der Brünigbahn nach Luzern weiterfahren.
- KOMBINATION: In Luzern beginnt die Tour 6.
- LÄNGE: 57 km.
- HÖHENMETER: Steigung: 100; Abfahrt: 660.
- REINE FAHRZEIT: 4 Stunden.
- ROUTEN-MARKIERUNG: Veloland-Route 9, Seen-Route.
- ESSEN UND TRINKEN: In allen Orten entlang der Route sowie an den Seeufern gibt es zahlreiche Cafés, Restaurants und Kioske. Auf die Mitnahme von Proviant kann daher verzichtet werden.
- SEHENSWERTES:
  - Lungern: Pfarrkirche mit Friedhof (Holzschnitzereien).
  - Giswil: Pfarrkirche mit Orgel.
  - Sachseln: Museum Bruder Klaus, Heinrich-Federer-Haus.
  - Sarnen: Heimatmuseum, Rathaus, Hexenturm.
  - Alpnach: Klassizistische Pfarrkirche.
  - Luzern: Kapellbrücke, Wasserturm, zahlreiche Kirchen und Rennaissancebauten, Uferpromenade.
- ÜBERNACHTUNGSTIPP: Luzern: Hotel Royal (Velotel), Klosterstr. 4, Tel. 041/2401001.
- VELOVERLEIH:
  - Sarnen: Bahnhof SBB, Tel. 0512/272980.
  - Luzern: Bahnhof SBB, Tel. 0512/273260.
- INFORMATION:
  - Lungern: Verkehrsbüro, Tel. 041/6781455.
  - Sachseln: Verkehrbüro, Tel. 041/6602655.
  - Sarnen: Verkehrsbüro, Tel. 041/6665040.
  - Alpnach: Verkehrsbüro, Tel. 041/6701244.
  - Stansstad: Tourismus Information, am Dorfplatz, Tel. 041/6101377.
  - Luzern: Tourist Information, Frankenstr. 1, Tel. 041/4107171.

Die herrliche Landschaft des Kanton Obwalden lässt sich am besten auf einer Velotour geniessen, zumal es hier häufig bergab geht. Start ist der **Brünigpass**, 1002 m über dem Meer. Vom **Bahnhof Bürgli** geht es gleich auf die erste rasante Abfahrt, als Wegweiser gelten die Schilder der Veloland-Route 9.

In Luzern gibt es viel zu entdecken.

Kurze Zeit später treffen wir bereits in **Lungern** ein und fahren nun gemütlich am Ufer des **Lungerer Sees** entlang. Am Ende des Gewässers kommt gleich die nächste Talfahrt, die uns hinunter an den **Sarner See** bringt.

Sarnen, der Hauptort des Kantons, lockt mit einigen Sehenswürdigkeiten, wie z.B. dem Heimatmuseum. Danach gilt es erst wieder eine Weile in die Pedale zu treten, bis der **Alpnacher See** erreicht wird, der bei **Stansstad** direkt an den **Vierwaldstätter See** grenzt.

Für die Strecke von Stansstad nach **Luzern** bieten sich zwei Möglichkeiten: Entweder fährt man an der rechten Uferseite entlang in das 6 km entfernte Kehrsiten und nimmt dort das Schiff nach Luzern oder man pedaliert auf der linken Uferseite auf der markierten Veloland-Route über **Hergiswil, Hörw, Kastanienbaum** und **Tribschen** nach Luzern.

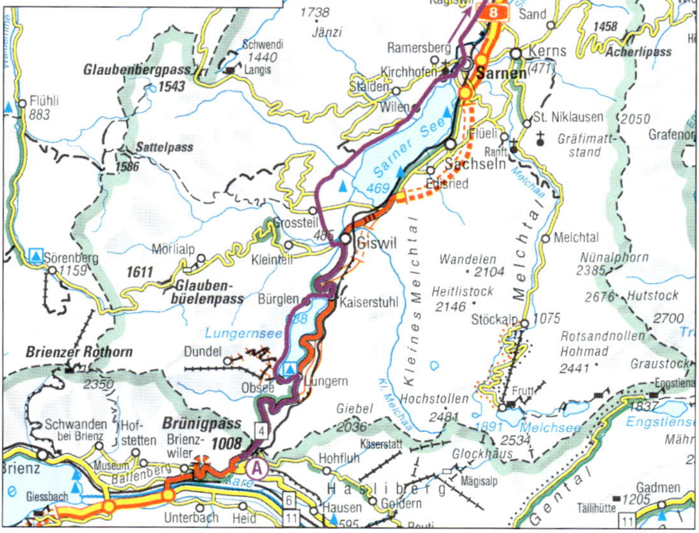

8 Rund um den Schrattenflu

Schüpfheim – Flühli – Sörenberg – Kemmersboden – Schangnau – Escholzmatt – Schüpfheim

Unterhalb des markanten Schrattenflu lässt sich in würziger Bergluft durch Wiesen und Wälder radeln. Da nimmt man gerne in Kauf, das Velo ein kurzes Stück schieben zu müssen.

Zwischen 1882 und 1925 war Sörenberg nur durch die Pferdepost von Schüpfheim aus zu erreichen. Danach verkehrten regelmässig Postautos auf dieser Strecke – jedenfalls solange es die Strassenverhältnisse zuliessen. Im Winter konnte beispielsweise nur bis Flühli gefahren werden. Erst seit 1940 ist die Strecke ganzjährig befahrbar.
Kleine Widrigkeiten müssen die Velofahrer während unserer Rundtour auch in Kauf nehmen, denn auf einem kurzen Zwischenstück ist der Weg extrem schlecht befahrbar, sodass man das Velo besser schiebt. Doch zunächst geht es vom **Bahnhof Schüpfheim** entlang der Autostrasse Richtung Langnau, bereits nach etwa 1 km erfolgt links die Abzweigung auf die Panoramastrasse Richtung Flühli. Das Tal wird zusehends enger; mehrere Anstiege bringen uns durch die Lammschlucht hinauf nach **Flühli**.
Etwa 7 km nach dem Ort, nach zwei weiteren Steigungen, beginnt kurz vor Sörenberg rechts auf einer schmalen Asphaltstrasse der 4 km lange Anstieg hinauf zum **Salwideli**, vorbei an saftigen Weiden und mit einem herrlichen Blick auf den hoch aufragenden Schrattenflu. Der Bauernhof dort oben ist ganzjährig bewirtschaftet und bietet eine willkommene Ruhepause.

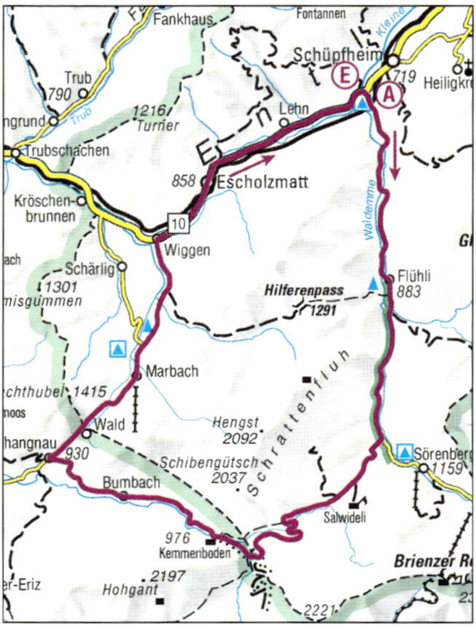

Ab Salwideli beginnt eine Naturstrasse, auf der nach 3 km für ein kurzes Stück die Velos geschoben werden müssen. Danach wird der Weg wieder zusehends besser und endet, schon wieder asphaltiert, in **Kemmeribodenbad** im

Begegnung auf dem Salwideli.

Nachbartal. Auch dort befindet sich wieder eine Möglichkeit zum Einkehren.

Der Rückweg nach Schüpfheim führt schliesslich durch die Orte **Schangnau, Marbach** und Escholzmatt und besteht aus einem ständigen Wechsel zwischen Anstiegen und Abfahrten.

- ZIELGRUPPE: 3
- CHARAKTER: Anfangs geht es entlang der Autostrasse durch das Tal bis kurz vor Sörenberg. Danach folgt ein ziemlicher Anstieg auf einer geteerten Seitenstrasse. Oben auf dem Bergsattel beginnt ein gut befestigter Weg ins benachbarte Tal, wobei ein kurzes Teilstück nicht befahrbar ist. Die anschließende Seitenstrasse mündet wieder auf eine Autostrasse, die zurück zum Ausgangsort führt.
- AUSGANGSORT: Schüpfheim.
- ANREISE: Schüpfheim liegt an der Bahnlinie Luzern – Bern. Auch mit dem Auto ist der Ort aus beiden Richtungen gut zu erreichen.
- STRECKENVERLAUF: Schüpfheim – Flühli (9 km) – Abzweigung Sörenberg (6 km) – Salwideli (4 km) – Kemmeribodenbad (6 km) – Schangau (8 km) – Escholzmatt (12 km) – Schüpfheim (7 km).
- LÄNGE: 52 km.
- HÖHENMETER: Steigung: 650; Abfahrt: 650.
- REINE FAHRZEIT: 4–5 Stunden.
- ESSEN UND TRINKEN: In allen Orten entlang der Route gibt es Einkaufs- und Einkehrmöglichkeiten. Zwei weitere Gasthöfe sind am Salwideli sowie in Kemmeribodenbad. Wegen der Anstiege bis Salwideli ausreichend Getränke mitnehmen.
- SEHENSWERTES: Schüpfheim: Heimatmuseum.
- ÜBERNACHTUNGSTIPP: Übernachtungsmöglichkeiten sind über die Verkehrsbüros zu erfahren.
- VELOVERLEIH: Sörenberg: Sportgeschäft Felder, Tel. 041 / 488 12 49; Stöckli Sport, 041 / 488 17 76.
- INFORMATION:
  - Schüpfheim: Vekehrsverein, Tel. 041 / 484 23 23.
  - Flühli: Verkehrsbüro, Tel. 041 / 488 21 77.
  - Sörenberg: Verkehrsbüro, Tel. 041 / 488 11 85.

Schweizer Mittelland

Der Mittelländler, so sagt man, sei ein spontaner Lebensgeist und auch Fremden gegenüber jederzeit aufgeschlossen. Nach allen Seiten hin offen präsentiert sich auch die weite Landschaft mit der imposanten Alpenwelt am Horizont. Der Velofahrer findet zwischen Seen und Hügeln ein aussergewöhnlich dichtes Netz an gut ausgewiesenen Routen vor.

■ Information: Schweizer Mittelland Tourismus, c/o Bern Tourismus, Postfach, CH-3001 Bern, Tel. 031/3281228, Fax 031/3111222, Internet: www.smit.ch, E-Mail: Info@smit.ch

9 IM EMMENTAL: SCHATTIGE TÄLER, SONNIGE HÖHEN

Lützelflüh – Emmenmatt – Moosegg – Lützelflüh

Wer das Emmental allein auf seinen weltberühmten Käse reduziert, wird der landschaftlichen Vielfalt ganz gewiss nicht gerecht. Eingebettet zwischen Voralpen und Jura zieht das Tal mit aussichtsreichen Hügeln und wechselweise steilen und lieblichen Taleinschnitten den Besucher in seinen Bann. Die alteingesessenen Einheimischen sind mit ihrer Heimat tief verwurzelt: »I bi ne Ämmitaler, u desse bin i stolz!«

Emmentaler Landkultur bekommt der Velofahrer bereits in **Lützelflüh**, dem Ausgangsort der folgenden Rundtour, zur Genüge geboten. Die umliegenden zum Teil seit Jahrhunderten bewirteten Bauernhöfe sind mehr als nur Arbeits- und Wohnstätten der Bauern; sie prägen mit reich bepflanzten Fensterbrettern und Laubenbrüstungen Dorfplätze und Landschaftbilder. Was die Dekoration angeht, entfacht sich zwischen den Bäuerinnen ein stiller und fruchtbarer Wettstreit, jede will ihren Hof mit Geranien, Fuchsien und Begonien in voller Blüte sehen. Auch in Arni, Wendepunkt der Tour, prägen prachtvolle Höfe die Szene.

Nach steilem Anstieg ist die Anhöhe Moosegg erreicht.

Vom Bahnhof aus steuert man sein Velo Richtung Zentrum und folgt der Route nach Langnau. Man überquert auf der mittlerweile durch Stahlträger gestützten 62 m langen Golhausbrücke die Emme, passiert einen Dressur-Parcour für Hunde und gelangt über **Zollbrück** auf dem Uferweg der Emme nach **Emmenmatt**. Hier verlässt man die bezeichnete Veloroute und biegt in die Teerstrasse nach Moosegg ein.

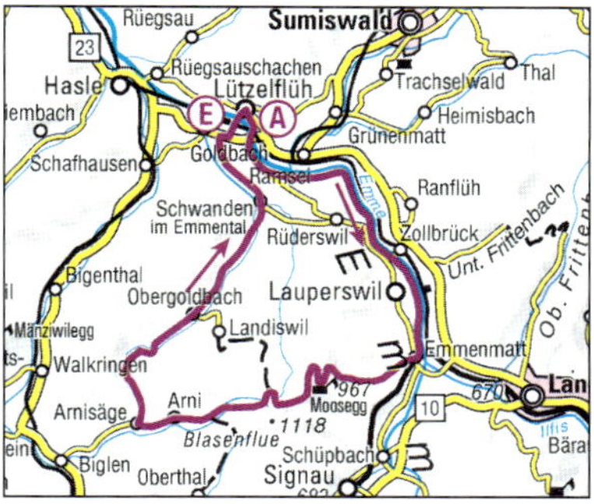

Noch bevor der kräftezehrende Anstieg beginnt, kommt man an der **Käserei Längenbach** vorbei. Die Käserei hat 1999 ihr 175-jähriges Jubiläum gefeiert und produziert den Emmentaler nach wie vor im eigenen Haus, frei nach dem Motto: »Für bsungeri Aläss, isch a

- ZIELGRUPPE: 2 (Lützelflüh – Emmenmatt: 1)
- CHARAKTER: Geruhsames Einfahren im Uferbereich der Emme, dann von Emmenmatt steiler Anstieg bis zur Anhöhe bei Moosegg. Mehrere phantastische Ausblicke, bevor man in Etappen an Höhe verliert. Im Bereich der Emme oft Naturbelag, sonst ausschließlich Asphalt.
- AUSGANGSORT: Lützelflüh Bahnhof.
- ANREISE: Zugreisende aus Genf, Basel und Bern fahren direkt nach Burgdorf und steigen dort um. Autolenker benutzen die Autobahn N 1 (Ausfahrt Kirchberg).
- STRECKENVERLAUF: Lützelflüh – Emmenmatt (10 km) – Moosegg (4,5 km) – Arnisäge (5 km) – Obergoldbach (5,5 km) – Lützelflüh (6 km).
- KOMBINATION: In Lützelflüh Anschluss an Tour 10 (Regionalroute R 8), in Emmenmatt Weiterfahrt auf R 2 bis Langnau.
- LÄNGE: 31 km.
- HÖHENMETER: 450.
- REINE FAHRZEIT: 2,5 Std.
- ROUTEN-MARKIERUNG: Regionalroute R 2 (nur im Emmental).
- ESSEN UND TRINKEN:
  - Restaurant Bahnhof Lützelflüh.
  - Café Moosbad.
  - Restaurant Moosegg.
  - Restaurant Waldhüseren (Aussichtsterrasse).
  - Restaurant Rössli in Obergoldbach.
  - Restaurant Zur Sonne und Zum Bären in Schwanden.
- SEHENSWERTES:
  - Lützelflüh: Gotthelf-Stube und Pfarrhaus-Speicher (Mo 14–17 Uhr, Di–Sa 10–11.30 und 14–17 Uhr, So 10.30–11.30 und 14–17 Uhr), Kulturmühle, Weiler Waldhaus mit prächtigen Bauernhäusern (Dahlienschau), Bauernmalerei Hedwig Tellenbach (nähere Info unter Tel. 034/4613704).
- ÜBERNACHTUNGSTIPP: Gasthof Bahnhof Lützelflüh, Tel. 034/4611622, Fax 034/4612053.
- VELOHÄNDLER/-VERLEIH: Vermietung am Bahnhof Burgdorf; Veloläden Burgdorf siehe Tour 10.
- INFORMATION: Pro Emmental, Langau: Schlossstrasse 3, Tel. 034/4024252, Fax 034/4025667.

Das Käseangebot der Käserei Längenbach ist vom Feinsten.

feini Chäsplattä gäng ä guäti Lösig«. Neben schmackhaftem Käse bietet der Hof auch Nachtlager im Stroh an (Tel. 034/4028701). Der dichte Wald lichtet sich mit zunehmender Höhe, so dass die Ausblicke auf das Emmental und die Berge des Oberlands immer eindrücklicher werden. In **Moosegg**, spätestens jedoch in **Waldhüseren** hat man sich die Einkehr verdient, da das Steigungspensum im Wesentlichen erfüllt ist.
Per Abfahrt gelangt man über **Arni** und die gleichnamige Käserei nach **Arnisäge**, kurz nach dem Rehgehege biegt man in die Strasse Richtung Lützelflüh. Ein kleiner Anstieg noch bis zur Passhöhe **Tanne** und man kann über **Obergoldbach** und **Schwanden** genussvoll zurück zum Ausgangsort rollen.

10 Vom Emmental an den Thuner See

Burgdorf – Konolfingen – Heimberg – Thun

Das Flussschwemmland der Emme, das enge Tal des Biglenbachs und das Moosbecken um Konolfingen bieten abwechlungsreiche Landschaften auf engstem Raum. Richtung Heimberg wandelt man auf den Spuren traditioneller Töpferkunst, über die man sich im Schlossmuseum von Thun nähere Informationen holen kann.

Vom Bahnhof **Burgdorf** steuert man über Bahnhof- und Poststrasse sowie Gysnau- und Schützenweg auf die beschilderte Veloroute. Von hier aus fährt man auf einer Waldstraße, dann auf dem Uferweg der Emme und nach Überqueren der gedeckten Holzbrücke nach **Hasle**; man fährt das sich zunehmend verengende Bigental bergan. Nahe **Walkringen** öffnet sich das Tal in eine weite Hochebene mit Blick auf Eiger, Mönch und Jungfrau. Am **Metzgerhüsi** lässt man das Moos hinter sich und pedalt über **Biglen** nach **Schlosswil**, wo so genannte Ländlermusiktreffen stattfinden.

Weiter kurvt man abwechslungsreich hinab nach **Konolfingen**. In **Schlosshünigen** verkauft der Hüsi Buur frisch geerntete Kartoffeln und Bergkäse, während in **Freimettingen** frisches Obst und Gemüse in reicher Auswahl feilgeboten werden. Hier finden sich einige klassische Emmentaler Bauernhöfe, die in der Regel aus Tenne und Stall, Stöckli und Spycher bestehen. Beeindruckend ist auch der Blick auf das Stockhorn-Massiv.

Oberdiessbach wirbt mit uschaftig chüschtigem Emmentaler, während man sich in **Brenzigkofen** mit selbst gebranntem Schnaps und Obstlikören eindecken kann. In der ortsanässigen Töpferei werden Tongefässe und Keramikwaren hergestellt. Das Töpfern hat in dieser Gegend Tradition: Mitte des 19. Jhs. siedelten sich in der Region Heimberg-Steffisburg über 70 Werkstätten an, bevor die Branche

- Zielgruppe: 1–2.
- Charakter: Einfache, für Gruppen und Familien geeignete Verbindungstour durch das Bigetal nach Konolfingen und von dort an schönen Höfen vorbei abwärts in das Thunersee-Becken. Vorwiegend auf wenig befahrenen Asphaltstrassen, vor allem im Bereich der Emme auch auf Naturwegen.
- Ausgangsort: Burgdorf Bahnhof.
- Anreise: Direkte Zugverbindung mit Genf, Basel und Bern. Autofahrer benutzen die Autobahn N 1 (Ausfahrt Kirchberg). In Thun Rückfahrt mit dem Zug via Konolfingen (direkt) oder Bern (umsteigen).
- Streckenverlauf: Burgdorf – Hasle (6 km) – Biglen (12,5 km) – Konolfingen (10,5 km) – Oberdiessbach (5,5 km) – Heimberg (6 km) – Thun (5,5 km).
- Abkürzung: Die Tour führt parallel zur Bahnlinie entlang und kann daher an mehreren Orten abgebrochen werden.
- Kombination: In Steffisburg und Thun Anschluss an Aare-Route Richtung Meiringen und Koblenz sowie Alpenpanorama-Route Richtung St. Margrethen und Fribourg (siehe Tour 13).
- Länge: 46 km.
- Höhenmeter: 200.
- Reine Fahrzeit: 3–4 Std.
- Routen-Markierung: Regionalroute R 8 und Veloland-Route 8, Aare.
- Essen und Trinken: Zahlreiche Einkehrmöglichkeiten entlang der Strecke u.a. in Burgdorf, Hasle, Metzgerhüsi, Biglen, Konolfingen, Oberdiessbach, Heimberg, Steffisburg und Thun.
- Sehenswertes:
  - Burgdorf: Zähringer Schlossmuseum und Museum für Völkerkunde (Mo–Sa 14-17 und So 11–17 Uhr), Kornhaus (Schweizer Zentrum für Volkskultur; Di-Fr 10–12.30 und 13.30–17 Uhr; Sa/So 10–17 Uhr), Emmentaler Glasbläserei (Di–Fr 14–18.30 Uhr, Sa 9–12 und 13–16 Uhr), Altstadt mit Kirche, Galerien Bertram und Esther Münger.
  - Hasle: Töpferei Aebi (Heimatmuseum und Schautöpferei), gedeckte Holzbrücke, schöne Bauernweiler, Pfarrhaus.
  - Konolfingen: Schloss Hünigen (tgl. 8–21 Uhr), Dorfmuseum (1./3. So im Monat 14–17 Uhr oder auf Anfrage: Tel. 031/7910098); Naturhistorisches Museum, beim Bahnhof, 1. So im Monat 9-12 u. 13–18 Uhr, Tel. 031/7911279.
  - Oberdiessbach: Alte Kirche, Altes und Neues Schloss.
  - Thun: Schloss mit Historischem Museum (Juni–Sept. tgl. 9–18, sonst 10–17 Uhr), Stadtkirche, Rathaus, Schadaupark (Di–So 10–17 Uhr, Juli u. August 10–18 Uhr), historische Häuser.
- Übernachtungstipp: Gasthof Schützen (Velotel), 3613 Steffisburg, Tel. 033/4373162, Fax 033/4376962 (DZ 70–85 sFr.).
- Velohändler/-verleih:
  - Burgdorf: Vermietung am Bahnhof; Velo Blatter, Steinhofstr. 46, Tel. 034/4229901; Velo Fischer, Bernstr. 7, Tel. 034/4223864; Maximum Sportsworld, Kirchbergstr. 101, Tel. 034/4231221.
  - Thun: Bahnhof, Tel. 033/2232333,; Bachmann & Co., Grabenstr. 4, Tel. 033/335168.
- Information:
  - Verkehrsbüro Burgdorf, Kornhausgasse 16, Tel. 034/4222445, Fax 034/4231013.
  - Tourismus Organisation Thun, Bahnhof, Tel. 033/2222340, Fax 033/228323.

Alte Höfe sind im Emmental keine Seltenheit.

durch Bleivergiftung und nachlassende Qualität schwere Rückschläge erlitt.
In Brenzigkofen verlässt man die Route Nr. 8 und steuert an einer Pferdekoppel und am Tier-Ferienhof Rotachen vorbei geradeaus nach **Heimberg**. Die finale Flachetappe nach **Thun** ist über **Steffisburg** rasch zurückgelegt.

11 Von Bern ins See- und Gemüseland

Bern – Laupen – Murten – Kerzers – Bern

Von der Hauptstadt Bern führen die Velorouten sternförmig in alle Himmelsrichtungen. Es dauert nicht lange und man tauscht das pulsierende Stadtleben gegen ländliche Idylle ein. In Murten und Kerzers streift man das Berner Seeland und den »Gemüsegarten der Schweiz«.

Westlich des **Berner** Bahnhofsplatzes führt die Schanzenstrasse hinauf in das Universitätsviertel. Hier folgt man der Veloroute 3. Rasch gelangt man von den städtischen Randbezirken in ländliches Gebiet, die ersten urchigen Bauernhöfe stehen in **Buch**. Hinter den hübschen Rosshäusern taucht man in ausgedehnte Wälder ein, bevor hinter **Bramberg** die rasante Abfahrt nach **Laupen** erfolgt. Der sehenswerte Ort, malerisch in einer Flusssenke gelegen, wurde im bewegten Mittelalter mit der berüchtigten Steinschleuder beschossen.
Auf der Brücke im Ortszentrum wird die Sense überquert, bevor man am Ufer der Saane in die so genannte Buntbrache steuert. Die

Der Efeu nimmt die Schlossmauer Münchenwiler in Beschlag.

- ZIELGRUPPE: 2.
- CHARAKTER: Langer, aber nicht sehr anstrengender Rundkurs im westlichen Berner Umland auf verkehrsberuhigten Nebenstrecken. Sehenswert die Kleinstädte Laupen und Murten. Naturstrassen und Asphalt.
- AUSGANGSORT: Bern Hauptbahnhof.
- ANREISE: Stündliche Zugverbindungen mit Zürich und Genf. Mit dem Pkw rasche Anfahrt aus allen Richtungen über die Nationalstrasse.
- STRECKENVERLAUF: Bern – Buch (8 km) – Laupen (13 km) – Cressier (13 km) – Murten (6 km) – Kerzers (9 km) – Golaten (3 km) – Heggendorf (10 km) – Bern (15 km).
- ABKÜRZUNG: Wem die Strecke zu lang ist, fährt von Kerzers mit dem Zug direkt nach Bern und spart sich 28 km.
- KOMBINATION: In Bern Anschluss an die Aare-Route Richtung Meiringen und Koblenz.
- LÄNGE: 77 km.
- HÖHENMETER: 400.
- REINE FAHRZEIT: 5–6 Std.
- ROUTEN-MARKIERUNG: Regionale Velorouten 3, 4 und 11, zwischen Golaten und Wohlensee Veloland-Route 8, Aare.
- ESSEN UND TRINKEN: Einkehren in Bern, Bramberg, Laupen, Gurmels, Murten, Galmiz, Kerzers, Golaten und Heggendorf.
- SEHENSWERTES:
  - Bern: Kunstmuseum, Historisches Museum, Postmuseum, Alpines Museum (alle tgl. 10–17 Uhr), Altstadt, Münster, Bundeshaus (Führungen 5 x tgl.), Zeitglockenturm (Führung tgl. 16.30 Uhr), Bärengraben, Botanischer Garten, Tierpark Dählhölzli.
  - Laupen: Stedtli und Schloss (1. So im Monat oder auf Anfrage, Tel. 031/7406270).
  - Murten: Historisches Museum (Di–So 10–12 und 14–17 Uhr), Altstadt.
- ÜBERNACHTUNGSTIPP: Hotel Arabelle (Velotel), Mittelstr. 6, 3012 Bern, Tel. 031/3010305, Fax 031/3024262 (DZ 60–98 sFr.).
- VELOHÄNDLER/-VERLEIH:
  - Veloservice am Bahnhof Bern, Bollwerk 39, Tel. 03/3116116; Velocenter, Hirschengraben 7, Tel. 031/3120031; TAST Bern, City-Bike-Verleih zum Nulltarif, Lorrainestr. 6, Tel. 031/3317494.
  - Bahnhof Murten, Tel. 026/6702646.
  - Kerzers: Bahnhof, Tel. 031/7555125; Velo Galerie, Oelegasse 15, Tel. 031/7557920.
- INFORMATION:
  - Schweizer Mittelland Tourismus, c/o Bern Tourismus, Postfach, 3001 Bern, Tel. 031/3281228, Fax 031/3111222.
  - Tourismus Laupenamt, Bahnhof, 3177 Laupen, Tel. 031/7406270, Fax 031/7406299.
  - Verkehrsbüro Murten, Franz. Kirchgasse 6, Tel. 026/6705112, Fax 026/6704983.
  - Verkehrsbüro Kerzers, Bahnhofstr. 8, Tel. 031/7556464, Fax 031/7557539.

Wiesen werden hier nur einmal jährlich gemäht, um das Wachstum von Königskerze, Färberkamille und Wilder Malve zu fördern. Von **Kleingurmels** blickt man auf den Schiffenensee und fährt über **Gurmel** in das Bachtal der Bibère. Nach steilem Anstieg erreicht man **Cressier**, das bereits zum Kanton Fribourg zählt. Dann fährt man am Schloss **Münchenwiler** vorbei hinab nach **Murten**.

Das Seeland, ein malerisches Gebiet aus Seen, Flüssen und Hügeln, ist erreicht. Die Ebene zwischen Murten-, Neuenburger- und Bielersee ist durch ihre große Fruchtbarkeit zum grössten Gemüsegarten der Schweiz avanciert. 500 Familienbetriebe bauen hier über

In der Murtener Altstadt warten zahlreiche Terrassenrestaurants auf Kundschaft.

60 verschiedene Gemüsesorten an. Das reichhaltige Angebot an Wasserportmöglichkeiten sowie an Gemüse- und Weinkultur zieht insbesondere Wanderer und Velofreunde an. Die Strasse zwischen Murten und **Kerzers** verläuft am Rand des so genannten Grossen Mooses.

In Kerzers folgt man den Veloschildern Richtung Bern und fährt über **Golaten** in das Aaretal hinab. Nach dem Kernkraftwerk zweigt man rechts in die Veloroute Nr. 11 Richtung **Heggidorn** ab. Oben angelangt, hat man schöne Blicke auf den Wohlensee. Durch schöne Forstpassagen gelangt man schliesslich kurz vor **Buch** wieder auf die Veloroute Nr. 3 zurück.

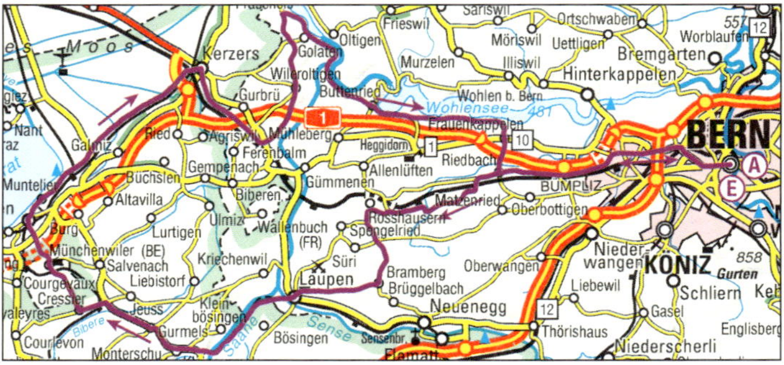

12 Herrliche Aussicht vom Chasseral

Biel – Lamboing – Nods – Chasseral und zurück

Die Tour ist zwar sehr anstrengend, aber sie lohnt sich: Zunächst führt sie durch die saftigen Wiesen auf dem Plateau oberhalb von Biel, dann durch die karge Berglandschaft des Chasseral. Krönung ist jedoch die unvergleichliche Aussicht auf die Berner Alpen und das Mont-Blanc-Massiv.

›Nach der Arbeit folgt das Vergnügen‹ heisst die Devise in der Region rund um den Bieler See. Kräftig zugelangt wird beispielsweise in den Weinbergen, und obwohl sich die anfallenden Arbeiten oft bis in die Abendstunden hinziehen, sitzen die Helferinnen und Helfer meist noch bis spät in die Nacht in den heimeligen **Carnotzets** der Winzerhäuser und fachsimpeln bei einem Glas Wein über die Geheimnisse und Rezepturen der Weinherstellung.
Eine andere Attraktion der Region sind die **Métairies** des Berner Juras. Darunter versteht man Berggasthöfe, die von Bauern betrieben werden, die dort oben im Sommer das Vieh hüten und die Milch an Ort und Stelle zu schmackhaftem Käse verarbeiten. Daneben gibt es meist hausgemachte Bratwürte, Rösti oder auch ein Käsefondue. Wer die Variante der Bergabfahrt vom Chasseral nimmt, kommt an mehreren dieser Métairies vorbei.

- Zielgruppe: 3
- Charakter: Anstrengende Bergfahrt in einzigartiger Landschaft.
- Ausgangsort: Biel.
- Anreise: Biel ist sowohl mit der Bahn als auch mit dem Auto einfach zu erreichen.
- Streckenverlauf: Biel – Magglingen (6 km) – Twannberg (7 km) – Nods (6 km) – Chasseral (9 km) – Biel (28 km).
  Variante: Abfahrt von Chasseral über die Métairies de Morat, du Milieu de Bienne und de Bois Raiguel sowie die Ortschaften Orvin und Evilard.
- Länge: 56 km.
- Höhenmeter: Steigung (mit Bergbahn Biel – Magglingen) 900; Abfahrt 1300.
- Reine Fahrzeit: 5–6 Stunden.
- Essen und Trinken: In allen Orten entlang der Route gibt es Einkaufs- und Einkehrmöglichkeiten. Zudem gibt es einen Gasthof oben auf dem Chasseral. Wegen der schweisstreibenden Anstiege müssen jedoch ausreichend Getränke mitgeführt werden.
- Sehenswertes:
  Biel: Museum Neuhaus, Schwanenkolonie.
- Übernachtungstipp:
  Hôtel du Cheval-Blanc, Nods, Tel. 038/51 22 51. Weitere Übernachtungsmöglichkeiten in der Region sind über das Tourismusbüro in Biel zu erfahren.
- Velohändler/-verleih:
  Biel: Bahnhof SBB, Tel. 05 12/26 22 81.
- Information:
  - Biel Tourismus, Bahnhofsplatz 12, Tel. 032/3 22 75 75.
  - Bergbahn Biel – Magglingen, Tel. 032/3 22 45 11.

Doch zunächst gilt es, den Gipfel des Chasseral zu erklimmen, wozu einiges Schweissvergiessen notwendig ist. Die ersten 400 Höhenmeter nimmt uns noch die Bergbahn ab, die uns samt Velo in kurzer Zeit vom Zentrum in **Biel** hinauf nach **Magglingen** bringt. Die Bergbahn ist deshalb zu empfehlen, da die Strasse, die steil von Biel über Evilard nach Magglingen hinaufführt, sehr stark von Autos befahren wird, so dass sie sich nur für die abschliessende Abfahrt eignet.
In Magglingen beginnt zum Aufwärmen gleich der erste Anstieg. Für die Fahrt nach **Lamboing** sind zwei Alternativen möglich: entweder auf der asphaltierten Strasse Richtung Twannberg oder auf einem Naturweg über den Hohmatt. Dazu auf dem Areal der eidgenössischen Sporthochschule (ESSM) beim ersten Fussballplatz links abbiegen und später geradeaus weiterfahren.
Von Lamboing geht es nochmals relativ flach weiter bis **Nods**, ehe dort am Ortsende der grosse Anstieg beginnt. Zunächst längere Zeit im kühlen Wald, später in der kargen Berglandschaft schraubt sich die Teerstrasse in weiten Serpentinen den Chasseral hinauf. Für dieses Stück sollten unbedingt genügend Getränke mitgenommen werden. Zu Essen gibt es dann wieder etwas im Gipfelgasthof, während man den grandiosen Rundumblick vom Schreckhorn (4080 m) über das Matterhorn (4482 m) bis zum Mont-Blanc-Massiv (4810 m) geniesst.
Die Rückfahrt nach Biel ist auf dem gleichen Weg wieder möglich, wobei man auf die Bergbahn von Magglingen verzichten kann. Eine interessante Alternative ist die Fahrt auf dem Naturweg vom Gipfel über die Berggasthöfe (Métairies) de Morat, du Milieu de Bienne und de Bois Raiguel. Von dort führt dann eine Asphaltstrasse über die Ortschaften Orvin und Evilard ebenfalls hinunter nach Biel.

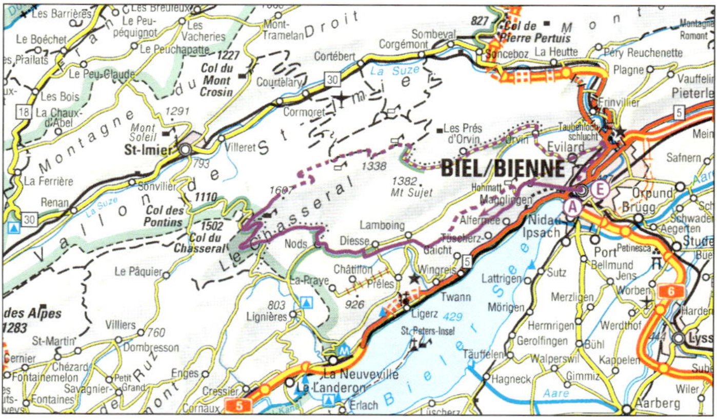

Berner Oberland

Beim Anblick der alles überragenden Eisgipfel des Oberlands fühlt sich der sportlich ambitionierte Biker zu Höherem herausgefordert; zwischen saftig grünen Alpböden, klaren Gebirgsseen, stolzen Gipfeln und hochalpinen Pässen kann er sich zur Genüge austoben. Familien mit Kindern und gemütliche Radler bewundern die kontrastreiche Landschaft hingegen lieber aus der Talperspektive.

■ Information: Berner Oberland Tourismus, Jungfraustrasse 38, CH-3800 Interlaken, Tel. 033/8230303, Fax 033/8230330, Internet: www.berneroberland.com, E-Mail: berneroberland@hallweb.ch

13 Alpenpanorama zwischen Thun und Fribourg

Thun – Rüti – Schwarzenburg – Fribourg

Auf der glatten Wasseroberfläche des Thuner Sees spiegeln sich Eiger, Mönch und Jungfrau in eindrücklicher Weise. Die folgende Route enfernt sich von den alles überragenden Eisriesen, passiert den südlichen Rand des Mittellandes und endet im Jura-Bernois in der Bischofsstadt Fribourg.

Vom Bahnhof **Thun** führt die Veloroute durch den westlichen Stadtrand nach **Thierachern** und weiter auf die Anhöhe **Längenbühl**. Kühe und Pferde grasen auf der saftigen Alp nahe eines kleinen Sees und geben vor der Bergkulisse ein idyllisches Bild ab. Von hier rollt man genüsslich in das Gürbetal hinab, in dem reichlich Kohlgemüse angebaut wird. In **Wattenwil** beginnt der längste zusammenhängende Anstieg der Tour mit 270 Höhenmetern auf 5 km.

Der Spätherbst und seine farblichen Reize.

- ZIELGRUPPE: 2.
- CHARAKTER: Abwechslungsreiche Streckentour durch die hügeligen Ausläufer der Berner Alpen mit famosen Aus- und Rundblicken. Gute Kondition wegen mehrerer zum Teil strenger Steigungen vonnöten. Route meist auf verkehrsberuhigten Nebenstrassen.
- AUSGANGSORT: Thun Bahnhof.
- ANREISE: Direkte Zugverbindung von Zürich, Genf, Basel und Bern. Mit dem Pkw auf der Nationalstrasse nach Bern und von dort auf der N 6 nach Thun. Am Zielort mit dem Zug über Bern zurück nach Thun.
- STRECKENVERLAUF: Thun – Wattenwil (13 km) – Rüti (10 km) – Schwarzenburg (12 km) – Tafers (14 km) – Fribourg (7 km).
- KOMBINATION: In Fribourg Weiterfahrt auf der Alpenpanorama-Route Richtung Aigle, in Thun Anschluss an Tour 10.
- LÄNGE: 56 km.
- HÖHENMETER: 700 m.
- REINE FAHRZEIT: 4–5 Std.
- ROUTEN-MARKIERUNG: Veloland-Route 4, Alpenpanorama.
- ESSEN UND TRINKEN: Gasthöfe in Thun, Wattenwil, Burgistein, Rüti, Rüschegg, Schwarzenburg, Tafers und Fribourg sowie im Sensegraben.
- SEHENSWERTES:
  - Thun: siehe Tour 10.
  - Schwarzenburg: Schloss, Heimatmuseum (So 14–17 Uhr, Gruppen auf Anfrage: Tel. 031/7311391), Klosterruine Rüeggisberg, Kapelle.
  - Tafers: Sensler Heimatmuseum (Do–So 14–17 Uhr oder auf Anfrage: Tel. 026/4941972), Jakobskapelle.
  - Fribourg: Museum für Kunst und Geschichte (Di–So 10–17, Do auch 20–22 Uhr), Naturhistorisches Museum (tgl. 14–18 Uhr), Schweizer Figurentheater Museum (Sa/So 14–17 Uhr oder auf Anfrage: Tel. 026/3228513), Biermuseum (auf Anfrage: Tel. 026/4292211), Schweizer Nähmaschinen Museum (auf Anfrage: Tel. 026/4752433), Ausstellung Jean Tinguely (Mi–So 10–17, Do auch 20–22 Uhr), St.-Niklaus-Kathedrale, Rathaus, Stadtbrücken, verschiedene Klöster, Botanischer Garten.
- ÜBERNACHTUNGSTIPP: Bauernhaus Wattenwil-Grund, Tel. 031/3296633 (60 sFr.).
- VELOHÄNDLER/-VERLEIH: Bahnhof Thun, Tel. 033/2232333; Bachmann & Co., Grabenstr. 4, Tel. 033/335168.
- INFORMATION:
  - Tourismus Organisation Thun, Bahnhof, Tel. 033/2222340, Fax 033/228323.
  - Verkehrsbüro Schwarzenburgerland, Tel. 031/7311391, Fax 031/7313211.
  - Office du Tourisme Fribourg, Avenue de la Gare 1, Tel. 026/3213175, Fax 026/3223527.

Noch vor **Burgistein**, das unterhalb eines kleinen Privatschlosses liegt, verlässt man die Hauptstrasse und fährt zuletzt abwärts nach **Rüti**. Hier zweigt man in ein sehr schönes bewaldetes Seitental und überquert nacheinander die Bäche Biberza und Schwarzwasser vier Mal auf alten gedeckten Holzbrücken. Hinter **Rüschegg** führt ein stotziger Anstieg aus der Talsenke hinaus. Bis **Schwarzenburg** haben die Ausblicke wieder Vorrang.

Landschaftlich einmalig ist der tiefe **Sensegraben**, den man anschliessend überquert. Der ungezähmte Fluss sucht sich nach Überschwemmungen immer wieder einen neuen Lauf. Jenseits der Schlucht steuert man über den Weinort **Schmitten** in den ehemaligen Pilgerort **Tafers**. Das Etappenziel **Fribourg**, von der Saane ge-

Grasende Kühe auf den Weiden bei Rüti.

formt, lohnt auf Grund reicher Kunst- und Kulturschätze, malerischer Plätze und seiner zum Teil brillanten Architektur einen längeren Aufenthalt. Erste Eindrücke bleiben einem bereits auf dem Weg zum Bahnhof nicht verwehrt, wenn man sein Velo steil aufwärts in das Zentrum lenkt. Dabei eröffnen sich die für die Stadt so typischen Tiefblicke auf die felsigen Ufer der Saane. Der Fluss markiert die Sprachgrenze zwischen der Deutschschweiz und der Romandie. Der Sprachmix ist beachtlich: Neben französisch und deutsch wird hier auch Bolz gesprochen, eine für Fremde sich lustig anhörende Mundart mit welscherischem Einschlag.

14 Naturparadies am Lauenensee

Gstaad – Lauenen – Lauenensee – Gstaad

Kaum ein Fremder würde sich in das entlegene Geltental verirren, würde nicht der versteckt liegende, romantische Lauenensee den Erholung suchenden Urlauber in seinen Bann ziehen. An schönen Sommertagen teilen sich Badegäste, Spaziergänger, Sonnenanbeter und Pedalritter den naturbelassenen Uferbereich des Sees.

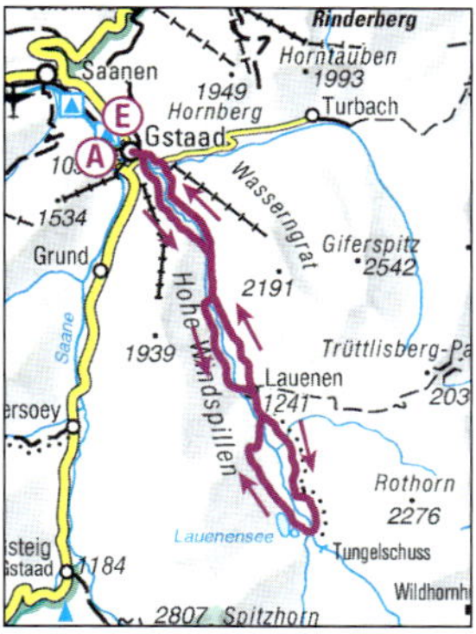

Das weitgehend autofreie Strassendorf **Gstaad** zieht mit seinen teils urchig traditionellen, teils noblen Chalets auch reichlich Prominenz an. Im Sommer kämpfen internationale Tennisstars bei den Swiss Open um Weltranglistenpunkte. Kein Wunder, dass dies der bekannteste Ort im Saanenland ist.

Im Saanenland selbst stehen Tradition und Landschaft im Mittelpunkt. Die raffinierten Scherenschnitte etwa, die meist mit ländlichen Motiven geschmückt sind, fehlen in kaum einer

- Zielgruppe: 1–2.
- Charakter: Einfache Radtour in das Geltental auf verkehrsarmen Strassen und Wegen mit Naturbelag, zum Teil als Rundkurs. Längere Anstiege gleich zu Beginn und zwischen Lauenen und dem See.
- Ausgangsort: Bahnhof Gstaad.
- Anreise: Direkte Zugverbindung von Thun bzw. Spiez nach Zweisimmen, hier in die Montreux-Oberland-Bahn MOB umsteigen. Autofahrer wählen meist die Landstrasse vom Thuner See durch das Simmental.
- Streckenverlauf: Gstaad 🚉 – Grünte (2 km) – Lauenen (6 km) – Lauenensee (5 km) – Bisse (10 km) – Gstaad 🚉 (2 km).
- Kombination: In Gstaad Anschluss an die Seen-Route Richtung Bodensee und Genfer See.
- Länge: 25 km.
- Höhenmeter: 380.
- Reine Fahrzeit: 2,5 Stunden.
- Routen-Markierung: Velowanderweg SimmeSaaneSee.
- Essen und Trinken: Gasthöfe in Gstaad, Lauenen und am Lauenensee.
- Sehenswertes: Galerie und Atelier Gstaad (Mo–Fr 14–18.30, Sa 11–16 Uhr), Trachselhaus (Besuch auf Anfrage: Tel. 033/7445647), Käserei (Besuch auf Anfrage: Tel. 033/7441115), Museum der Landschaft Saanen (Mi–So 14–17 Uhr oder auf Anfrage: Tel. 033/7447988).
- Übernachtungstipp: Bauernhof Nydegger, oberhalb von Gstaad, Tel. 033/7444176 (60 sFr.).
- Velohändler/-verleih: Gstaad: Bahnhof, Tel. 033/7441528; Stauffer Radsport, Tel. 033/7444261.
- Information: Gstaad Saanenland Tourismus, Promenade, Tel. 033/7488184, Fax 033/7488183.

der alten Bauernstuben. Sie wurden früher während der kalten Jahreszeit quasi zur Überbrückung angefertigt, wenn sich die Bauernfamilien, bedingt durch die ruhende Viehwirtschaft, auf andere Weise Arbeit beschaffen mussten. Heute wird der Scherenschnitt meist nur noch zum Zweck der Weihnachtsdekoration praktiziert.
Die Tour führt vom Bahnhof an den Geschäften der Promenade vorbei an den Louibach; hier steuert man nach der Brücke nach links und kurz darauf rechts hinauf nach **Wispile**. Die Strasse mündet bald in einen Naturweg, auf dem man mit Blick auf den Talboden an die Hauptsrasse gelangt. Gut 1 km später zweigt man rechts in eine asphaltierte Nebenstrecke ab und fährt nahe des Bachs weiter taleinwärts nach **Lauenen**.
Im Ort folgt man der zunehmend ansteigenden Strasse durch schattigen Wald in das Naturschutzgebiet **Lauenensee**. Per Abfahrt erreicht man den Parkplatz **Legerlibrück**, hinter dem sich der See versteckt. Picknickplätze in freier Natur und das Restaurant Lauenensee werden zur Pause verleiten.
Für den Rückweg wählt man den Kiesweg am rechten Seeufer und fährt an alten Bauernhöfen vorbei wieder nach **Lauenen**. Von hier legt man die genussreiche Abfahrt am besten auf der Hauptstrasse zurück und fährt somit über den Ort **Bisse** nach **Gstaad**.

Ob sich auch in diesem alten Holzhaus ein Scherenschnitt verbirgt?

15 Auf dem Simmentaler Hausweg

Zweisimmen – Boltigen – Oey – Spiez

Die Simmentaler Bauernhäuser zählen zu den schmuckesten in ganz Europa. Erfolgreiche Vieh- und Pferdezucht hat in früheren Jahrhunderten zu Wohlstand und Reichtum geführt. Der Velofahrer kann auf dem Simmentaler Hausweg von Zweisimmen bis Wimmis die kunstvoll bemalten und aufwendig verzierten Höfe immer wieder auf sich wirken lassen.

Zweisimmen liegt genau am Schnittpunkt zweier Täler; hier fliessen die grosse und die kleine Simme zusammen, wodurch der Ort seinen Namen bekam. Am Ortsausgang von **Zweisimmen** passiert man die Alpine Forellenzucht, in deren Teichen Sportfischer regelmässig ihrem Hobby frönen. Hinter **Grubenwald** zieht sich das Tal in eine enge Schlucht zurück, die Route weicht zwangsläufig auf den Panoramaweg aus. Wenn Kinder dabei sind, muss das Velo in den stotzigen Passagen geschoben werden. Ab **Garstatt** rollt man dann wieder gemütlich am Ufer der Simme entlang.
In der Folge bewegt man sich nicht nur auf dem Simmentaler

Ländliche Beschaulichkeit in der Nähe von Spiez.

Blick auf das Schloss Spiez am Thuner See.

Hausweg, der vor allem auf den sonnigen Anhöhen von **Darstätten** von prächtigen Bauernhäusern aus der Barockzeit gesäumt wird; die ältesten Häuser stammen sogar aus dem 16. Jahrhundert. Immer wieder gelangt man auch in die Weidegründe der Viehherden, die mit Elektrozäunen abgegrenzt sind (»Elektroroute«). An Regentagen wird man hier, hat man kein Schutzblech, von Kuhfladen und

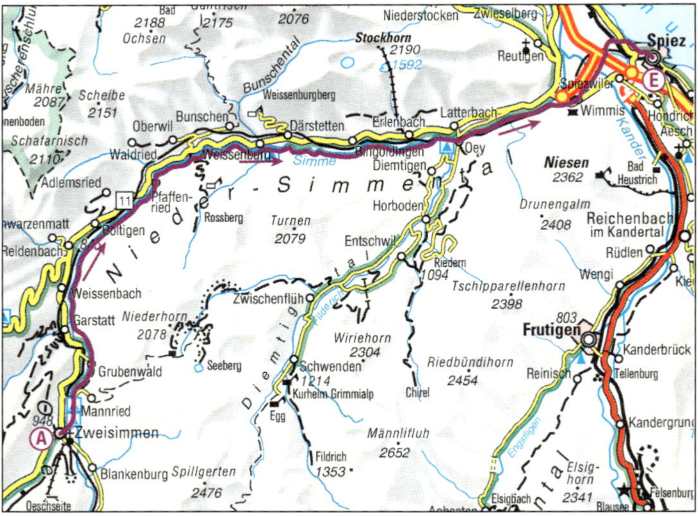

- ZIELGRUPPE: 2 (Oey bis Spiez: 1).
- CHARAKTER: Tendenziell abwärts führende Tour durch das teilweise sehr enge Simmental wechselweise am Flussufer und über aussichtsreiche Alpmatten. Asphalt und Naturbelag, meist ohne Verkehr.
- AUSGANGSORT: Bahnhof Zweisimmen.
- ANREISE: Direkte Zugverbindung von Thun bzw. Spiez nach Zweisimmen. Autofahrer gelangen via Bern auf der N 6 über Thun nach Spiez.
- STRECKENVERLAUF: Zweisimmen – Boltigen (10 km) – Därstetten (8 km) – Oey (9 km) – Wimmis (5 km) – Spiez (9 km).
- KOMBINATION: Von Spiez kann man der Seen-Route bis zum Bodensee folgen oder auf der Aare-Route Richtung Grimselpass
- LÄNGE: 41 km.
- HÖHENMETER: Steigung: 200; Abfahrt: 500.
- REINE FAHRZEIT: 2,5 Stunden.
- ROUTEN-MARKIERUNG: Veloland-Route 9, Seen-Route.
- ESSEN UND TRINKEN: Restaurants gibt es in allen Ortszentren, die Route selbst führt jedoch um die meisten Orte herum. Ausnahme: Diemtigen, Oey und Wimmis.
- SEHENSWERTES:
  - Zweisimmen: Obersimmentaler Heimathuus am Kirchstalden (Mi, Sa u. So 10–12 und 14–16.30 Uhr, ab 6 Pers. auf Anfrage: Tel. 033/7221278), reformierte Dorfkirche, Burgruine Mannenberg.
  - Knutihaus bei Därstetten (Besichtigung der Stube möglich).
  - Museum der alten Landschaft Niedersimmental in Erlenbach (Mi + Sa 14–17 Uhr).
  - Spiez: Schloss (Mo 14–17, Di–So 10–17 Uhr), Heimat- und Rebbaummuseum (Mi, Sa u. So 14–17 Uhr).
- ÜBERNACHTUNGSTIPP: Hotel und Chalet Rössli (Velotel), 3700 Spiezwiler, Tel. 033/6543434, Fax 033/6545635 (DZ 45–71 sFr.).
- VELOHÄNDLER/-VERLEIH:
  - Zweisimmen: Bahnhof, Tel. 033/7221829; Matti Sport, Bahnhofstr., Tel. 033/7221276.
  - Bahnhof Spiez, Gepäckabteilung, Tel. 033/6543450.
- INFORMATION:
  - Verkehrsverein Zweisimmen, Lenkstr. 3, Tel. 033/7221133, Fax 033/7222585.
  - Verkehrsverein Simmental-Diemigtal in Oey, Tel. 033/6812606, Fax 033/6812908.
  - Spiez Tourismus, Bahnhofstr. 12, Tel. 033/6547256.

Dreck gnadenlos beschmutzt. Orte wie **Boltigen**, **Oberwil**, **Weissenburg** und **Erlenbach** liegen an der anderen Talseite, per Abstecher kann man sie jedoch problemlos besuchen. Vor allem das »Museum der alten Landschaft Niedersimmental« in Erlenbach lohnt einen kleinen Abstecher, da man hier zum Beispiel Hintergründe über traditionelles Handwerk und die Fleckviehzucht erfährt. Im Bereich dieser Orte mutiert die für den Velofahrer kaum einsehbare Simme abschnittweise zum Wildwasserbach, bis in **Oey** das Wasser der Chirel aus dem Diemigtal hinzukommt.

Das Simmigtal endet bei **Wimmis**. Hier macht die Veloroute eine weite Schleife bis nach **Spiez**. Wer es eilig hat, kürzt auf der befahrenen Landstrasse über **Spiezwiler** 5 km ab.

16 Abfahrtsrausch vom Grimselpass

Grimselpass – Guttannen – Meiringen

Natürlich erlebt man eine besondere Freude, wenn man den Pass selbst erklommen hat. Doch warum soll man sich ausnahmsweise nicht mal mit dem Postauto nach oben chauffieren lassen? Vom grandiosen Ausblick vom Grimselpass auf die furiosen Gletscherberge mal ganz abgesehen: Die Abfahrt nach Innertkirchen begeistert derart, dass man sie am liebsten gleich nochmals fahren möchte …

Bevor die rauschende Abfahrt beginnt, sollte man sich am Pass noch ausgiebig die Beine vertreten. Denn immerhin befindet man sich in der Nähe der Aaregletscher, der gewaltigsten Eisströme der Alpen. Wer etwa mit dem Oberaargletscher auf Tuchfühlung gehen will, kann auf der vom Pass abzweigenden Naturstrasse zum **Oberaarsee** pedalen. Der Abstecher in die »bel étage« der Gletscherwelt kostet nur geringe Zusatzmühen: 150 Höhenmeter auf 5 km für den Anblick eines famosen Eismeers.
Der längste Eisstrom mündet jedoch 400 Höhenmeter tiefer in den **Grimselsee**, den man vom **Grimselpass** nach 4 Abfahrtskilometern erreicht. Auffallend sind hier die vom Eis glatt geschliffenen Granitfelsen und das steil aufragende Finsteraarhorn. Von den Staumauern der grün schillernden Grimsel- und **Bäterich-Bodenseen** wirkt die imposante Landschaft noch eindrücklicher.
Wer die schnelle Abfahrt auf dem Velo liebt, wird fortan von der vielseitigen Landschaft nicht mehr viel mitbekommen. Mit über 60 km/h rast man, am Kraftwerk und an **Gutannen** vorbei; bis **Innertkirchen** fast ungebremst zu Tal, aufpassen muss man le-

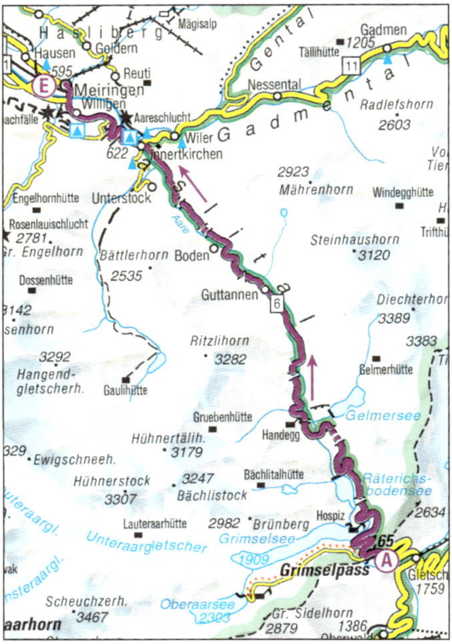

Am Abend verliert der Grimselsee seine grüne Farbe.

diglich in einem langen unbeleuchteten Tunnel. Auf der Reststrecke bis **Meiringen** senkt sich der Adrenalinpegel dann wieder, an der Aareschlucht muss sogar noch ein kleiner Pass bewältigt werden.

- ZIELGRUPPE: 2.
- CHARAKTER: Eine der rasantesten und effektivsten Passabfahrten der Alpen vorbei an Gletscherseen durch das enge Grimseltal. Durchgehend Asphalt.
- AUSGANGSORT: Grimselpass.
- ANREISE: Mit der Bahn von Bern über Interlaken (umsteigen) oder über Luzern (Brünigpass). Autofahrer benutzen die Nationalstrasse N 8 über Interlaken oder die Verbindung über Luzern und Brünig. Weiter mit dem Postauto (3 x tgl.) auf den Pass, Voranmeldung Velo unter Tel. 033/ 8288838.
- STRECKENVERLAUF: Grimselpass – Grimselsee (4 km) – Gutannen (14 km) – Innertkirchen 🚉 (8 km) – Meiringen 🚉 (6 km).
- KOMBINATION: Vom Grimselpass Abfahrt nach Gletsch zur Rhône-Route (siehe Tour 21), in Meiringen Fortsetzung auf der Aare-Route.
- ABSTECHER: Vom Grimselpass zum Berghaus Oberaar (+ 10 km).
- LÄNGE: 32 km.
- HÖHENMETER: Steigung: 90, Abfahrt: 1630.
- REINE FAHRZEIT: 1–2 Stunden.
- ROUTEN-MARKIERUNG: Veloland-Route 8, Aare.
- ESSEN UND TRINKEN: Grimselpass: Restaurant Grimselblick, Café Grimsel Passhöhe, Berghaus Oberaar; Restaurant Hotel Handeck; Guttannen: Hotel Bären und Adler; Restaurant Aareschlucht; Meiringen: Cafés und Restaurants.
- SEHENSWERTES:
  - Grimselpass: Waschbären- und Eulenpark, Murmeltierpark
  - Kristallgrotte und Grimselkraftwerke (Gruppen-Besichtigung nach Anmeldung Tel. 033/ 9822011).
  - Kristallmuseum Guttannen (Juni mit Sept. Mo–Fr 8–17 Uhr).
  - Aareschlucht mit Eingang West (Meiringen) und Ost (Innertkirchen), tgl. geöffnet, im Sommer Mi + Fr ab 21 Uhr mit Abendbeleuchtung.
  - Innertkirchen: Handweberei Oberhasli (Mo–Fr 8.30–11 und 14–17 Uhr, nur nach Anmeldung: Tel. 033/9711457).
  - Meiringen: Sherlock Holmes Museum, am Parkhotel Du Sauvage (Di–So 13.30–18 Uhr); Reichenbachfälle.
- ÜBERNACHTUNGSTIPP: Hotel Meiringen (Velotel), Bahnhofplatz 1, 3860 Meiringen, Tel. 033/9721212, Fax 033/9721219 (DZ 60–75 sFr.).
- VELOHÄNDLER/-VERLEIH: Meiringen: Bahnhof, Tel. 033/9711414; Rewy Sport, Rudenz 2, Tel. 033/ 9712929; Velo Wiedemeier, Rudenz 11, Tel. 033/9711412; Zweirad Huber, Lenggasse 4, Tel. 033/ 9729595.
- INFORMATION: Meiringen-Haslital Tourismus, Bahnhofstr. 22, Tel. 033/9725050, Fax 033/9725055.

Graubünden

Graubünden liegt mitten in den Alpen und bietet mit seinen 150 Tälern sowohl Familien als auch dem verwegenen Mountainbikefreak unzählige Tourenmöglichkeiten. Dabei stösst der Velofahrer zwischen Rheintal und Engadin auf unterschiedlichste Kunst-, Kultur- und Architekturstile; die drei Spracheinflüsse Deutsch, Italienisch und Rätoromanisch haben Brauchtum und Tradition nachhaltig bestimmt.

■ Information: Verkehrsverein Graubünden, Alexanderstrasse 24, CH-7001 Chur, Tel. 081/2542424, Fax 081/2542400, Internet: www.graubuenden.ch, E-Mail: gspescha@graubuenden.ch

17 Rundfahrt durch die Bündner Herrschaft

Chur – Landquart – Fläsch – Zizers – Chur

Die Graubündner Hauptstadt Chur ist mit 5000 Jahren Siedlungsgeschichte die älteste Schweizer Stadt und liegt den bekannten Kurorten Arosa, Davos und Lenzerheide direkt zu Füssen. Richtung Bodensee breitet sich das Rheintal aus; dort gedeihen auf Grund des milden Klimas in der Bündner Herrschaft, zu der die Orte Fläsch, Maienfeld, Jenins und Malens gehören, auf engem Raum 20 unterschiedliche Rebsorten.

Chur ist Velostadt, und das seit über 100 Jahren. Bereits 1888 klagte man öffentlich über den »überhandnehmenden Sport des Velocipedfahrens« und stellte zwecks Unfallverhütung warnende Veloschilder auf. Heute beginnen am Bahnhof gleich zwei offizielle Routen des Velolands.

Auf der Rheinroute fährt man durch Industrie- und Gewerbegebiete und am rechten Rheinufer nach **Zizers**. Kurz darauf hält man sich an einer Gabelung links und steuert am Bahnhof **Landquart** vorbei Richtung Sargans. Am beschaulichen Rheinufer werden die fehlenden Kilometer bis **Fläsch** absolviert; hier trifft man wieder auf die offizielle Rheinroute.

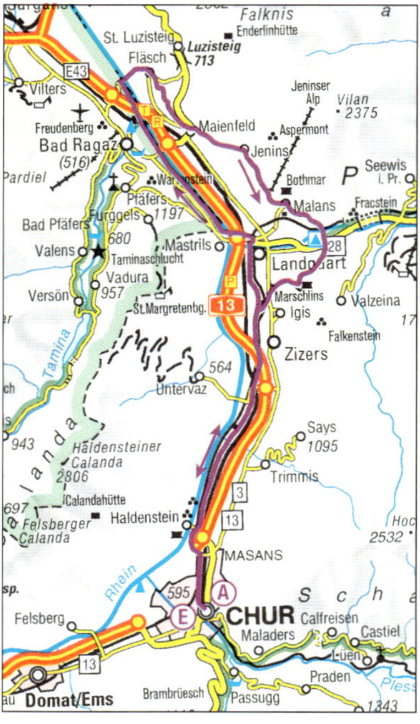

Fläsch ist der nördlichste Ort der Bündner Herrschaft. Die geschützten und sonnenverwöhnten Hänge sind für den Weinanbau ideal, vom Blauburgunder bis zur Sauvignon-Traube gedeihen hier die unterschiedlichsten Sorten. Die Veloroute durchkämmt weite Weinberge, Obstgärten, das berühmte **Heidiland** sowie die hübschen Orte **Maienfeld**, **Jenins** und **Malans**. In Jenins sind die Ausblicke auf das Rheintal unübertrefflich.

Weiter radelt man abwärts zur Klus und überquert den Bach Landquart. Am Schloss Marschlins vorbei gelangt

Die Route findet immer wieder an das Rheinufer zurück.

man an den Ortsrand von **Zizers** und rollt in den Talboden ab, in dem man auf bereits bekanntem Weg zurück nach Chur kommt.

- ZIELGRUPPE: 2 (Chur bis Fläsch: 1).
- CHARAKTER: Rundtour durch das Bündner Rheintal wechselweise auf Asphalt und Naturwegen. Man fährt meist am Rheinufer, Höhepunkt ist die Fahrt durch die Weinlandschaft der Bündner Herrschaft.
- AUSGANGSORT: Bahnhof Chur.
- ANREISE: Mit dem Pkw am schnellsten über Zürich oder Raum Bodensee (N 3 bzw. N 13), gleiches gilt für die Zugverbindung.
- STRECKENVERLAUF: Chur – Zizers (11 km) – Landquart (4 km) – Fläsch (9 km) – Maienfeld (3 km) – Malans (5 km) – Zizers (8 km) – Chur (11 km).
- ABKÜRZUNG: Die in Landquart beginnende Rundfahrt durch die Bündner Herrschaft ist nur 23 km lang (Veloverlad).
- KOMBINATION: In Chur und Fläsch Weiterfahrt auf der Rhein-Route Richtung Oberalppass bzw. Bodensee, in Chur beginnt ausserdem die Graubünden-Route Richtung Engadin und Tessin.
- LÄNGE: 51 km.
- HÖHENMETER: 200.
- REINE FAHRZEIT: 3–4 Std.
- ROUTEN-MARKIERUNG: Veloland-Route 2, Rhein, diverse Lokalrouten.
- ESSEN UND TRINKEN: Chur: Restaurants und Cafés; Maienfeld: Restaurant Eggtorkel mit historischem Weinkeller und Torkelbaum; Jenins: Gasthof Bündte; Malens: Landgasthof Zur Krone.
- SEHENSWERTES:
  - Chur: Bündner Kunstmuseum, Postplatz (Di–So 10–12 und 14–17 Uhr, Do bis 20 Uhr), Bündner Natur-Museum, Masanserstr. 31, (Di–Sa 10–12 und 13.30–17 Uhr, So 10–17 Uhr), Rätisches Museum, (Di–So 10–12 und 14–17 Uhr), Weinbaumuseum (Mi und So 14–17 Uhr), Kathedrale und Domschatz (Besichtigung nach Anmeldung: Tel. 081/2529250), Altstadt, Rathaus, Zunfthaus, Stadtpark, Kloster Nicolai.
  - Maienfeld: Heididorf (Original-Schauplatz der Heidigeschichte von Johanna Spyri, tgl. 10–17 Uhr).
  - Schloss Marschlins bei Landquart.
- ÜBERNACHTUNGSTIPP: Hotel Chur (Velotel), Welschdörfli 2, 7000 Chur, Tel. 081/2522161, Fax 081/2533492 (DZ 77 sFr).
- VELOHÄNDLER/-VERLEIH: Chur Bahnhof, Tel. 081/9251460, Fritz Imolz, Tel. 081/276200.
- INFORMATION:
  - Verkehrsverein Graubünden, Alexanderstr. 24, 7001 Chur, Tel. 081/3026100, Fax 081/3021414.
  - Chur Tourismus, Grabenstr. 5, Tel. 081/2521818, Fax 081/2529076, E-Mail Info@Churtourismus.ch
  - Tourismus Bündner Herrschaft, Poststelle, 7304 Maienfeld, Tel. 081/3025858.

18 Von der Albula-Schlucht nach Lenzerheide

Tiefencastel – Lantsch – Lenzerheide – Zorten – Tiefencastel

Die Region Lenzerheide-Valbella ist mit einem 100 km langen Routennetz ein Paradies für Mountainbiker. Unter dem Motto »Attack the limits« preschen Downhillkünstler vom Rothorn zu Tal, während Touren- und Rennradfahrer beim über Albula- und Julierpass führenden »Alpen-Challenge« auf ihre Kosten kommen. Die Talrundfahrt um den Heidsee ist geruhsamer, mit dem Anstieg von Tiefencastel jedoch auch eine Herausforderung.

Immerhin müssen von **Tiefencastel** bis Lantsch gut 600 Höhenmeter auf 13 km bewältigt werden. In **Surava** zweigt die Strasse nach Davos ab, an einer weiteren Kreuzung folgt man dem Strassenschild Richtung Chur. Durch Wald und über Weiden gelangt man schliesslich in das mit Panoramablicken verwöhnte **Lantsch**.
3 km oberhalb des Bergdorfs biegt man nach der Kiesgrube in den bezeichneten Veloweg ein, lässt sich vom stotzigen Waldanstieg nicht abschrecken und fährt in das Zentrum von **Lenzerheide** ab. Am nördlichen Ortsrand orientiert man sich an den Veloschildern »Soleval« und »Runda-Lai«. Die Route führt nochmals in die Höhe,

Der Heidsee bei Lenzerheide lockt Spaziergänger, Sonnenanbeter und Wasserratten an.

dabei ergeben sich schöne Blicke in das weite Tal. Nach der Abfahrt überquert man oberhalb von **Parpan** die Hauptstrasse und steuert auf Waldwegen nach **Valbella**. Hier verlässt man den Talboden Richtung Sartons; nach gut 1 km leitet das Schild »Hinwilerhaus« auf die ziemlich steile Abfahrt nach Lenzerheide.

Die abschnittweise ruppige Forststrasse führt direkt an den **Heidsee**, ein Forellengewässer, Badesee und Picknickplatz erster Güte. Hinter **Lenzerheide** beginnt die lange Abfahrt über die dank alter romanischer und walserischer Häuser ansehnlichen Bauerndörfer **Lain**, **Muldain** und **Zorten** in die Albula-Schlucht. Bevor man über **Alvaschein** zurück nach **Tiefencastel** fährt, sollte man noch einen Blick auf die kühne Brückenkonstruktion werfen.

- ZIELGRUPPE: 2 – 3.
- CHARAKTER: Anstieg von Tiefencastel in das weite Hochtal von Lenzerheide-Valbella. Abfahrt auf entlegenen Teerstrassen, nur im Umkreis von Lenzerheide fährt man zuweilen auf Naturwegen.
- AUSGANGSORT: Bahnhof Tiefencastel.
- ANREISE: Mit Pkw und Bahn von Zürich über Chur (N 13).
- STRECKENVERLAUF: Tiefencastel 🚉 – Surava (3 km) – Lantsch (10 km) – Lenzerheide (5 km) – Parpan (5,5 km) – Lenzerheide (4,5 km) – Zorten (7 km) – Alvaschein (5,5 km) – Tiefencastel 🚉 (2,5 km).
- KOMBINATION: In Tiefencastel Anschluss an die Graubünden-Route Richtung Engadin, Bernardino-Pass und Chur.
- LÄNGE: 43 km.
- HÖHENMETER: 900.
- REINE FAHRZEIT: 3 – 4 Stunden.
- ROUTEN-MARKIERUNG: Veloland-Route 6, Graubünden (im Albulatal), Regionalrouten Bova Pintga und Runda-Lai (Lenzerheide-Valbella).
- ESSEN UND TRINKEN: Restaurants und Cafés in Tiefencastel und Lenzerheide; Restaurant Rezgia Viglia in Brienz; Restaurants und Café Tgeasa Rustica (Terrasse) in Lantsch; Gasthof St. Cassian, Alte Post in Alvaschein.
- SEHENSWERTES:
  - Lantsch: Marienkirche (Fresken), Kirche St. Antonius von Padua, Friedhof.
  - Parpan: Fleischtrocknerei (Anmeldung unter Tel. 081 / 382 14 35), Schaukäserei (Anmeldung unter Tel. 081 / 382 11 36).
  - Zorten: Ortsmuseum Local Vaz, (1.7.–28.10. Do 13.30–17 Uhr oder nach Vereinbarung: Tel. 081 / 384 14 60)
  - Alvaschein: Kirche St. Peter zu Mistail (ehemaliges Kloster).
- ÜBERNACHTUNGSTIPP: Hotel Collina, 7078 Lenzerheide, Tel. 081 / 384 18 17, Fax 081 / 384 62 07 (DZ 70–85 sFr.).
- VELOHÄNDLER/-VERLEIH: Bahnhof Tiefencastel, Tel. 081 / 681 11 12.
- INFORMATION: Tourismusverein Lenzerheide-Valbella, Voa Principala 68, 7078 Lenzerheide, Tel. 081 / 385 11 20, Fax 081 / 385 11 21.

19 Den Gletschern zu Füssen

Bernina-Pass – Rosegtal – Pontresina

Alpinisten träumen von der Zähmung des berüchtigten Biancograts oder der Besteigung des majestätischen Piz Palü. Doch auch dem Velofahrer offenbaren sich die Eiskönige des Engadins bei der Abfahrt vom Bernina-Pass nach Pontresina in voller Pracht. Beim Exkurs in das Val Roseg sind weitere Gletscher zu bestaunen.

Der »Bernina-Express«, höchste Bahn-Traversale der Alpen, schnauft zielstrebig das Tal empor und spuckt am **Bernina-Pass** die Passagiere samt Velos aus. Die Lust aufs Velofahren kann in dieser grandiosen Bergwelt eigentlich nur durch Wind und Wetter getrübt werden. Mountainbiker lassen sich 4 km unterhalb des Passes in die **Lagalb-Bergbahn** verladen und sehen die verwegene Talabfahrt als Krönung an; Sonnenanbeter fahren mit der **Diavolezza-Bahn** auf 3000 m und blicken von der Aussichtsterrasse direkt in das ewige Eis.

Unsere Route führt genussvoll die Passstrasse talabwärts an den Gondelstationen vorbei. Spätestens beim Aussichtsbalkon **Montabella** wird der erste Stopp eingelegt: Von hier kann man phantastisch in das Morteratsch-Tal mit den sich auftürmenden Eisriesen blicken, mit dem Zügli im Vordergrund ein tolles Fotomotiv! Nach der Waldabfahrt biegt man links in die über den **Camping Morteratsch** zur **Station Morteratsch** führende Strasse.

Bedauerlicherweise ist die Verbindung zum gewaltigen Morteratsch-Gletscher für Biker gesperrt; also hält man sich

Am Bernina-Pass muss man sich auch an manchen Sommertagen warm anziehen.

vor dem Bahnhof rechts, überquert die Gleise und rollt durch schönen Mischwald das Tal hinab. In **Surovas** gelangt man auf die Hauptstrasse, die man schon wenig später auf der **Via de la Staziun** wieder verlässt. Von dem Bahnhof

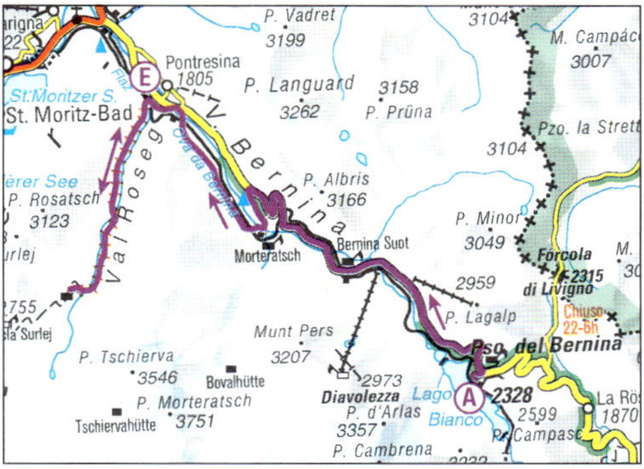

Pontresina fährt man auf guter Naturstrasse leicht ansteigend durch das eindrückliche Val Roseg; man teilt sich den Genuss mit Wandereren und Pferdekutschen. Am Restaurant **Roseggletscher** finden die Pferde zwischen Gänsen und Hühnern ihren Futtertrog, während sich der Biker auf die finale Abfahrt freut.

- ZIELGRUPPE: 2.
- CHARAKTER: Gemütliche Abfahrt mit Blick auf die berühmten Eisberge der Berninakette. Abstecher in das reizvolle Rosegtal auf guter Naturstrasse.
- AUSGANGSORT: Bahnhof Bernina-Pass.
- ANREISE: Mit dem Pkw von Zürich über Landquart und Flüelapass oder über Münstertal und Ofenpass ins Engadin, Auto am Bahnhof Pontresina abstellen und mit dem Zug auf den Berninapass. Mit der Bahn von Zürich über Klosters durch den neu eröffneten Vereina-Tunnel oder via Chur und Albula-Tunnel.
- STRECKENVERLAUF: Bernina-Pass – Landgasthof Morteratsch (12 km) – Val Roseg (13 km) – Pontresina Bahnhof (7 km).
- KOMBINATION: In Samedan Anschluss an die Graubünden-Route Richtung Unterengadin, Bernardino-Pass und Chur.
- LÄNGE: 32 km.
- HÖHENMETER: Steigung: 250; Abfahrt: 800.
- REINE FAHRZEIT: 2 Std.
- ROUTENMARKIERUNG: Regionalroute Val Roseg.
- ESSEN UND TRINKEN: Bernina-Pass, Gasthaus Berninahaus, Landgasthof Morteratsch, Alp-Schaukäserei Morteratsch, Restaurant Roseggletscher.
- SEHENSWERTES:
  - Morteratsch: Alp-Schaukäserei (Juli bis Anfang Oktober Di–So 9–17 Uhr, Anmeldung zum Alp-Brunch unter Tel. 081/8426273).
  - Pontresina: Museum Alpin (Mo–Sa 16–18 Uhr), Galerien Elisabeth Costa, Palü und Roseg, Alte Dorfkirche Sta. Maria mit Fresken aus dem 13. Und 15. Jhr. (Mo–Fr 15.30–17.30 Uhr), Spaniola-Turm beim Friedhof.
- ÜBERNACHTUNGSTIPP: Albergo Ospizio Bernina, Berninapass, 7710 Ospizio Bernina, Tel. 081/8440303, Fax 081/8441039 (DZ 51–71 sFr.).
- VELOHÄNDLER/-VERLEIH: Pontresina: Fähndrich Sport, Tel. 081/8428468.
- INFORMATION: Verkehrsverein Pontresina, Tel. 081/8388300, Fax 081/8388310.

20 An der Engadiner Seenplatte

St. Moritz – Sils – Val Fex – St. Moritz

Schon der Philosoph Friedrich Nietzsche liess sich wie auch Thomas Mann und Hermann Hesse von der Schönheit der Engadiner Seenplatte inspirieren. Er schwärmte von den landschaftlichen Gegensätzen und den glühenden Farben, die die Morgensonne hier hervorzaubere. In Sils, »6000 Fuss über dem Meere und viel höher über allen menschlichen Dingen«, ist ihm heute ein Museum gewidmet.

Auch der Biker wird von der faszinierenden Seenplatte und dem urchigen Val Fex gefangen genommen. Vom Bahnhof **St. Moritz** geht es an der Promenade des gleichnamigen Sees über **St. Moritz Bad** auf dem Inntal-Radweg zum Champfèrer See und an dessen Westufer nach **Surlej**. Der angrenzende Silvaplana See wird hingegen an der steilen Waldflanke passiert. Hier spriessen kostbare Pflanzen wie die Gletscher-Edelraute und allerhand Pilze, die jedoch nur zu festgelegten Zeiten gesammelt werden dürfen. Vom See fährt man über die Seilbahnstation Furtschellas geradewegs in das Zentrum von **Sils**.

Sils ist Ausgangsort für das für Autos gesperrte **Val Fex**. Wer für die Steigung die notwendige Kondition besitzt, wird an schönen Tagen die eine oder andere Pferdekutsche überholen. Über **Fex-Crasta** und den Biobauernhof Vincenti steuert man zum **Hotel Fex**, dem Wendepunkt der Tour. Nun liegt die Bergkette der Dreitausender-Gipfel direkt vor Ihnen.

Auf dem Rückweg kann man ab **Sils** alternativ auch die Maloja-Passstrasse benutzen und möglicherweise mit »Unterstützung« nach **Silvaplana** radeln. Denn an vielen Tagen schiebt einen der warme Südwind von hinten an. Die Seenplatte, die im März Schauplatz des berühmten »Engadiner Skimarathons« ist und im Sommer viele Segler, Surfer und Inlineskater auf den Plan ruft, lässt sich dabei noch besser überblicken. Später fährt man am besten auf der durch das Zentrum von **Champfèr** führenden alten Hauptstrasse zurück nach **St. Moritz**.

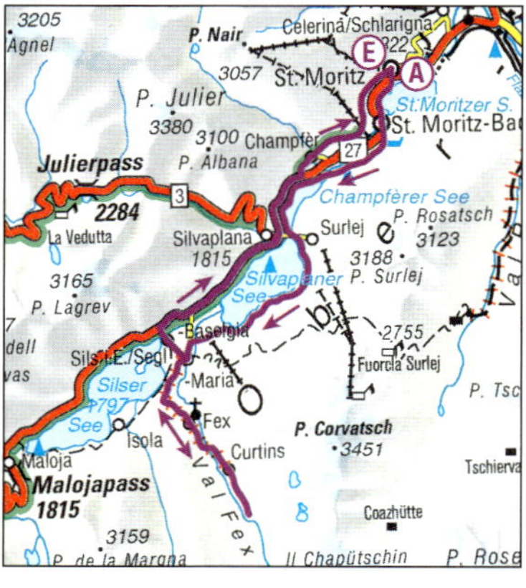

Viele radmüde Touristen lassen sich mit der Kutsche in das Val Fex chauffieren.

- ZIELGRUPPE: 2.
- CHARAKTER: Rundkurs an der großzügigen Engadiner Seenplatte mit Abstecher in das urchige Val Fex. An den östlichen Seeufern zumeist auf Naturbelag, sonst Asphalt.
- AUSGANGSORT: Bahnhof St. Moritz.
- ANREISE: Mit dem Pkw entweder von Zürich über Landquart und Flüelapass oder über Münstertal und Ofenpass ins Engadin. Mit der Bahn von Zürich über Klosters durch den neu eröffneten Vereina-Tunnel oder via Chur und Albula-Tunnel.
- STRECKENVERLAUF: St. Moritz 🚉 – Surlej (7 km) – Sils (5 km) – Val Fex (6 km) – Sils (6 km) – Silvaplana (4 km) – St. Moritz 🚉 (7 km).
- KOMBINATION: In St. Moritz Anschluss an die Graubünden-Route Richtung Unterengadin, Bernardino-Pass und Chur.
- LÄNGE: 35 km.
- HÖHENMETER: 350.
- REINE FAHRZEIT: 2,5 Stunden.
- ROUTEN-MARKIERUNG: Inntal-Radweg, Regionalroute Val Fex.
- ESSEN UND TRINKEN: Cafés und Restaurants in St. Moritz, Sils, Silvaplana und Champfèr, im Val Fex Hotel Sonne (Terrasse) und Hotel Fex.
- SEHENSWERTES:
  - St. Moritz: Engadiner Heimatmuseum, (Mo–Fr 9.30–12 und 14–17 Uhr, So 10–12 Uhr), Segantini-Museum (Di–So 10–12 und 15–18 Uhr), Milli-Weber-Haus (Besuch und Führung nach Vereinbarung: Tel. 081/8333186).
  - Sils: Nietzsche-Haus, Tel. 081/8265369 (Di–So 15–18 Uhr), Robbi-Museum mit Werken einheimischer Maler (Mo–Sa 16–18 Uhr oder nach Vereinbarung: Tel. 081/8266332), Galleria Chesina, Bergkirche Fex-Crasta (Schlüssel im Hotel Sonne oder in der Pension Crasta), Alpengarten Muot Marias.
  - Silvaplana: Reformierte Kirche.
- ÜBERNACHTUNGSTIPP: Hotel Primula (Velotel), Via Gunels, 7512 Champfèr-St. Moritz, Tel. 081/8333696, Fax 081/8330655 (DZ 60–90 sFr.).
- VELOHÄNDLER/-VERLEIH:
  - St. Moritz: Bahnhof, Tel. 081/8333125; Corviglia Sport, Via Maistra, Tel. 081/8334477; Boom Sport, Tel. 081/8322222.
  - Champfèr: Velo Eichholzer, Tel. 081/8333400.
  - Sils: Sport La Fainera, Tel. 081/8265502; Sport Giovanoli, Tel. 081/8265294.
- INFORMATION:
  - Verkehrsverein St. Moritz, Via Maistra 12, Tel. 081/8373333, Fax 081/8373377.
  - Verkehrsverein Sils, Tel. 081/8385050, Fax 081/8385059.

Wallis

Zwischen der gewaltigen Zunge des Rhônegletschers und dem Genfer See sprudelt die Rhône träge der Sonne entgegen. Gletschereis und Weinberge liegen im Wallis dicht beieinander, daher werden nur die Velorouten im Rhônetal familienfreundlichen Ansprüchen gerecht.

■ Information: Valais Tourisme, Rue Pré-Fleuri 6, Postfach 919, CH-1951 Sion, Tel. 027/3273570, Fax 027/3273571, Internet: www.valaistourism.ch, E-Mail: uvt@wallis.ch

21 Über den Furkapass ins Wallis

Andermatt – Furkapass – Belvedere – Oberwald

Erst seit 1982 ist die direkte Verbindung vom Urserntal ins Wallis durch Inbetriebnahme des Furka-Basistunnels das ganze Jahr über gewährleistet. Alternativ kann man auch den Furkapass überschreiten, das ist landschaftlich reizvoller und für den Velofahrer eine gesunde Herausforderung.

Bevor der 13 km lange Passanstieg beginnt, kann man auf der Strecke von **Andermatt** über **Hospental** nach **Realp** im Urserntal langsam die Kräfte bündeln. Angesichts der kahl gerodeten Hänge ist das Tal nicht vor Lawinen oder Steinschlag sicher, lediglich die Dörfer sind durch Bannwald vor drohendem Unheil geschützt. Eifrig versucht man den Baumbestand mit Fichten, Arven, Lärchen und Bergföhren wieder aufzustocken. Während die Bauern, bedingt durch das raue Bergklima, ein eher hartes Los tragen, finden Geologen dank Bergkristallen und reicher Quarzvorkommen eine wahre Fundgrube vor.
Ab Realp wälzt sich die Strasse in endlosen Serpentinen den Berghang hinauf, müde Pedalritter steigen zwecks Verschnaufens spä-

Bei der Abfahrt vom Furkapass kommt man an der gewaltigen Zunge des Rhônegletschers vorbei.

- ZIELGRUPPE: 3.
- CHARAKTER: Anspruchsvolle Passüberschreitung in hochalpinem Gelände. Rasante Abfahrt mit Zwischenstopp am eindrücklichen Rhônegletscher. An schönen Sommerwochenenden mitunter stärkerer Verkehr.
- AUSGANGSORT: Andermatt Bahnhof.
- ANREISE: Mit dem Auto am schnellsten über die Nationalstrasse N 2 von Zürich über Luzern (Ausfahrt Göschenen). Mit der Bahn von Zürich über Göschenen, von Chur über den Oberalppass oder via Oberwald. Ausgangs- und Zielort sind durch den Furkatunnel direkt verbunden, Rückfahrt mit dem Glacier-Express.
- STRECKENVERLAUF: Andermatt – Realp (8 km) – Furkapass (13 km) – Belvedere (3,5 km) – Gletsch (6,5 km) – Oberwald (6 km).
- KOMBINATION: In Andermatt beginnt die Rhein-Route, in Oberwald Fortsetzung auf der Rhône-Route möglich. Von Gletsch sind es nur 6 km bis zum Grimselpass (Aare-Route, siehe Tour 16).
- LÄNGE: 37 km.
- HÖHENMETER: Steigung: 980, Abfahrt: 1060.
- REINE FAHRZEIT: 3 Std.
- ROUTEN-MARKIERUNG: Veloland-Route 1, Rhône.
- ESSEN UND TRINKEN:
  - Andermatt, Hospental und Oberwald: Cafés und Restaurants.
  - Realp: Hotel des Alpes (mit Terrasse).
  - Restaurant Hotel Tiefenbach.
  - Refuge Furka auf dem Furkapass.
  - Gletscher-Restaurant Belvedere, Imbiss mit Terrasse in der Nähe.
- SEHENSWERTES:
  - Andermatt: Talmuseum Ursern mit Wechselausstellungen (Mi–Sa 16–18 Uhr oder Anmeldung über Tel. 041/8871454), Pfarrkirche St. Peter und Paul.
  - Hospental: Zeughaus Alte Sust, Kapelle St. Karli und Saumpfadbrücke.
  - Eisgrotte Rhônegletscher (tgl. ab 8 Uhr mit »open end«).
- ÜBERNACHTUNGSTIPP: Kronen Hotel (Velotel), Gotthardstr. 64, 6490 Andermatt, Tel. 041/8870088, Fax 041/8871838 (DZ 70–105 sFr.).
- VELOHÄNDLER/-VERLEIH: Andermatt: Boards & Bikes, Gotthardstr. 41, Tel. 041/8870614.
- INFORMATION:
  - Verkehrsbüro Andermatt, Gotthardstr. 2, Tel. 041/8871454, Fax 041/8870185.
  - Verkehrsverein Oberwald, Tel. 027/9733232, Fax 027/9733233.

testens am **Hotel Tiefenbach** vom Sattel. Die nahe Kapelle wurde einst errichtet, um den Sommergästen Gottesdienste zu ermöglichen, der Priester genoss kostenfrei Logis und Verpflegung. Die Dampffontänen aus dem Talboden stammen von den Lokomotiven »Gletschhorn« und »Furkahorn« und können durchaus nostalgische Gefühle wecken.

Nach weiteren 5 km ist der **Furkapass** erklommen. Die besten Ausblicke ergeben sich jedoch vom **Hotel Belvedere** etwas unterhalb der Passhöhe, grossartig ist von hier das Berner Oberland und das Wallis mit Mischabelgruppe, Weisshorn und Matterhorn einzusehen. In Sichtweite fliesst der 9 km lange **Rhônegletscher** zu Tal; 1820 reichte seine Zunge noch bis nach Gletsch hinab. Die Fließbewegung des Gletschers ist so gewaltig, dass die Touristenattraktion Eisgrotte jedes Jahr in wochenlanger Arbeit erneut freigelegt wer-

Sportiven Freizeitradlern ist selbst der Furkapass nicht zu hoch.

den muss. Im Inneren hört der Besucher das Tauwasser sprudeln. Hier also nimmt die Rhône ihren über 800 km langen Lauf bis zum Mittelmeer. Man radelt sozusagen in Begleitung des frischen Quellwassers in rasanter Abfahrt über **Gletsch** nach **Oberwald** in die obere Goms.

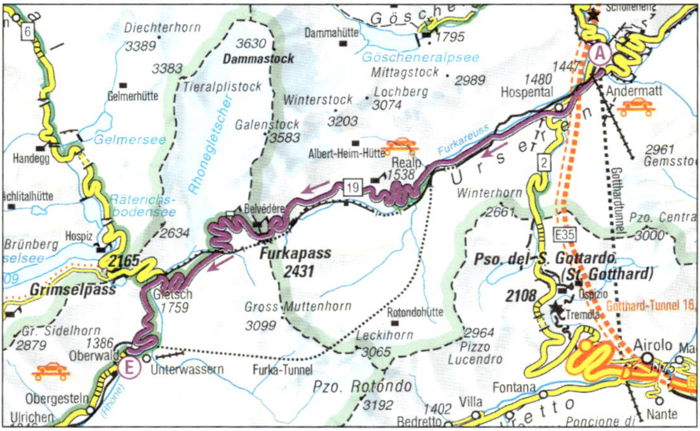

22 In der sonnigen Stube der Schweiz

Sion – Botyre – Pont de la Morge – Sion

Keine Schweizer Stadt ist von der Sonne so verwöhnt wie Sion. Kein Wunder, dass im Umland der Wallis-Metropole wohlschmeckende Früchte und hervorragende Weine heranreifen. Die Weinberge sind zum Teil so steil angelegt, dass sie von hohen Trockenmauern gestützt werden müssen.

Am Bahnhofsplatz in **Sion** steuert man wenige Meter auf der Avenue de la Gare Richtung Stadtmitte, biegt rechts in die Avenue de Tourbillon ein und rollt wiederum rechts auf der Rue de la Dixente zur Rhônebrücke hinab. Hier folgt man knapp 3 km der Rhône-Route Richtung Osten, bevor man am Bachufer La Borgne nach **Bramois** gelangt. Durch den Ortskern fährt man geradewegs in die üppige Obst- und Weinkultur.
Das extrem milde und sonnenreiche Klima lässt Mandelbäume und Feigen gedeihen, Erdbeeren und Himbeeren haben ein außerordent-

- Zielgruppe: 2.
- Charakter: Meist asphaltierter Rundkurs durch Obstgärten und Weinberge im Umkreis von Sion mit herrlichen Ausblicken auf das Rhônetal. Kräftiger Anstieg zwischen St. Léonard und Botyre.
- Ausgangsort: Bahnhof Sion.
- Anreise: Mit der Bahn via Bern, Lötschbergtunnel und Brig oder direkt aus Genf/Lausanne, mit dem Auto von Bern über Kandersteg (Autoverlad Lötschbergtunnel) oder auf der N 9 vom Genfer See.
- Streckenverlauf: Sion 🚉 – St. Léonard (9 km) – Botyre (8 km) – Savièse (8 km) – Pont de la Morge (9 km) – Sion 🚉 (9 km).
- Kombination: In Sion Weiterfahrt auf der Rhône-Route Richtung Oberwald oder Genfer See.
- Länge: 43 km.
- Höhenmeter: 500.
- Reine Fahrzeit: 3 Std.
- Routen-Markierung: Veloland-Route 1, Rhône, Regionalroute Pays du soleil.
- Essen und Trinken: Restaurants und Cafés in Sion, Gasthöfe in Bramois, St. Léonard, Botyre, Grimisuat, Drône (Café des Alpes), Chandolin und Pont de la Morge.
- Sehenswertes:
  - Sion: Museum für Archäologie, Kunstmuseum, Naturhistorisches Museum, Museum für Geschichte und Etnographie (alle tgl. 10–12 und 14–18 Uhr), Schloss Tourbillon (Di–So 10–18 Uhr), Kathedrale Notre-Dame du Glarier, Kirche Valeria, Altstadt.
  - St. Léonard: Unterwassergrotte Lac Souterrain (9–17 Uhr).
- Übernachtungstipp: Hôtel Elite, Av. du Midi 6, 1951 Sion, Tel. 027/3220327, Fax 027/3222361 (DZ 60 sFr.).
- Velohändler/-verleih: Sion: Cylomania, Rue de la Dixente 51, Tel. (027)3238400.
- Information:
  - Sion Tourisme, Place de la Planta, Tel. 027/3228586, Fax 027/3221882;
  - Valais Tourisme, Rue Pré-Fleuri 6 in Sion, Tel. 027/3273570, Fax 027/3273571.

Steil geht es durch Rebstöcke den Hang hinauf.

liches Aroma und stolz sind die Einheimischen auf die Qualität ihrer Äpfel und Birnen der verschiedensten Sorten. Im Frühjahr wird Spargel geerntet, im Herbst Brisolée als Dessert serviert: geröstete Kastanien mit diversen Alpkäsen und dem Sauser, einem jungen, noch nicht ganz vergorenen Wein.

Über die **Route de la Croix-de-Corban** fährt man an die Rhône retour und jenseits der Brücke nach **St. Léonard**. Im Ort folgt man dem Schild »Weinverkauf Betrisey« in ein schluchtartiges Tal und klettert durch steil angelegte Weinberge abrupt in die Höhe. In **La Place** kühlt der Dorfbrunnen nach 400 m Steigung heisse Köpfe. Wenige Renken noch, und man hat in **Botyre** die gröbste Mühsal hinter sich. Bis **Grimisuat** kann man sich auf der Abfahrt erst einmal entspannen.

Der Ausblick auf Rhônetal und Berggipfel, darunter das alles überragende Weisshorn, ist phantastisch. Deshalb in Grimisuat nicht direkt nach Sion abfahren, sondern noch die Zusatzschleife über **Drône**, **Savièse**, **Granois** und **Chandolin** drehen, eine Panoramastrecke erster Güte mit mehreren Orten zum Verweilen. In Chandolin fährt man dann zwischen Weinbergen über **Viche** nach **Pont de la Morge** ab. An der Hauptstrasse biegt man nach rechts ab und lenkt dann abwärts nach **Châteauneuf**. An einem Rondell folgt man dem Schild Richtung Aproz und erreicht am Freizeitpark Les Iles die Rhôneroute, die einen nach Sion zurückführt.

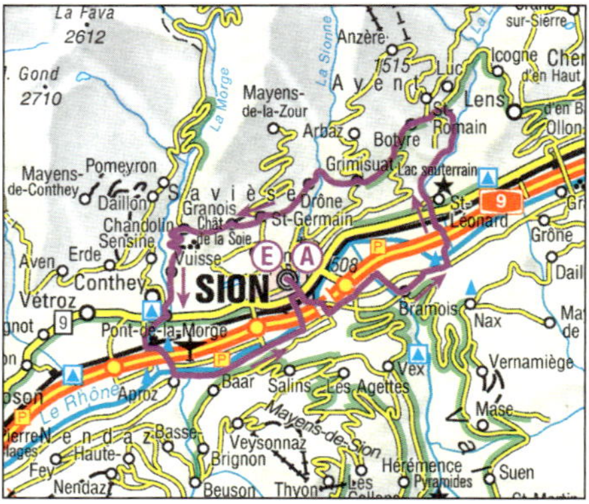

23 WEIN UND WIND AM RHÔNEKNIE

Martigny – Saillon – Saxon – Martigny

Der markante Talknick bei Martigny ist durch seine Grösse in den Alpen eine landschaftliche Rarität. Er sorgt dafür, dass der Wind, der morgens noch als kühle Brise von den Gipfeln der Viertausender herabweht, im Lauf des Tages als warmer Föhnwind von Süden wieder zurückkehrt. Wein und Obst können somit in mildem Klima prächtig gedeihen.

Die besondere Lage schätzten die Römer bereits vor 2000 Jahren. **Martigny** war damals Zentrum des Kunst- und Kulturaustauschs der keltischen und mediterranen Welt. Auf der archäologischen Promenade legt die gallorömische Vergangenheit unter anderem mit dem gut erhaltenen antiken Amphitheater und dem Tempel ihr Zeugnis ab. Auch andere Sehenswürdigkeiten warten auf Besucher; vor oder nach der Velotour bleibt sicherlich noch Zeit für Besichtigungen.

Der Rundkurs führt vom Bahnhof auf der **Avenue de la Gare** sowie jeweils rechts abbiegend auf der **Rue de Léman** und **Avenue de Fully** aus der Stadt heraus. Hinter der Rhônebrücke überquert man den Kanal und fährt stets etwas oberhalb des Talbodens durch **Branson** nach **Fully**. Ein Dutzend Degustationskeller zentrieren sich im Ort, in denen sowohl die Klassiker Fendant, Johannisberg, Dôle

Kurz vor Saillon fährt man an einer alten Burgruine vorbei.

und Pinot Noir als auch lokale Spezialitäten probiert werden können. Mitunter stehen einheimische Obstschnäpse und Liköre zur Auswahl.
Oberhalb von Fully breitet sich ein stattlicher Kastanienhain aus, der einen Abstecher (Wegweiser »Buitonnaz«) lohnt. Über **Châtaigner, Saxé** und die angrenzenden Weinfelder steuert man abwärts in die Rhôneebene. Hier steht nicht der Wein, sondern der Gemüseanbau im Mittelpunkt.

An Blumenzüchtung und Steinbruch vorbei gelangt man nach **Saillon**, dem Wendepunkt der Tour. Man wechselt die Rhôneseite und rollt durch die Weinorte **Saxon** und **Charrat Vison** wieder zum Ausgangsort zurück.

- ZIELGRUPPE: 1.
- CHARAKTER: Einfache Rundfahrt durch die Weinberge nordöstlich des Rhôneknicks ohne nennenswerte Steigungen auf zumeist verkehrsberuhigten Nebenstrassen.
- AUSGANGSORT: Bahnhof Martigny.
- ANREISE: Mit der Bahn via Bern, Lötschbergtunnel und Brig oder direkt aus Genf/Lausanne, mit dem Auto von Bern über Kandersteg (Autoverlad Lötschbergtunnel) oder auf der N 9 vom Genfer See.
- STRECKENVERLAUF: Martigny 🚉 – Fully (6 km) – Saillon (8 km) – Saxon (4 km) – Charrat-Vison 🚉 (5 km) – Martigny 🚉 (8 km).
- KOMBINATION: In Martigny Weiterfahrt auf der Rhône-Route Richtung Oberwald oder Genfer See (siehe Tour 24).
- LÄNGE: 31 km.
- HÖHENMETER: 70.
- REINE FAHRZEIT: 2,5 Std.
- ROUTEN-MARKIERUNG: Regionalroute D (in Martigny schlecht beschildert).
- ESSEN UND TRINKEN: Einkehren ist in allen Etappenorten möglich.
- SEHENSWERTES:
  - Martigny: Fondation Pierre Gianadda mit gallorömischem Museum, Automobilmuseum, Ausstellungen und Skulpturenpark (tgl. 10–18 Uhr), Semblanet-Mühle (Di–So 10–22 Uhr), Rathaus, Quartier de la Batiaz, archäologische Promenade, Kirche Notre-Dame-des-Champs, Kapelle Notre-Dame-de-Compassion, Altstadt.
  - Fully: Dorfkirche, Kastanienhain.
  - Saillon: Museum falsche Münze (Mi–So 13–18 Uhr).
- ÜBERNACHTUNGSTIPP: Hotel de Fully (Velotel), 1926 Fully, Tel. 027/7463060, Fax 027/7464133 (DZ 60–70 sFr.).
- VELOHÄNDLER/-VERLEIH: Bahnhof Martigny, Tel. 027/7233900.
- INFORMATION:
  - Office du Tourisme de Martigny, Place Centrale 9, Tel. 027/7212220, Fax 027/7212224.
  - Office du Tourisme Fully, Rue de l'Eglise, Tel. + Fax 027/7462080.

24 Familientour im unteren Rhônetal

Martigny – St.-Maurice – Villeneuve

Unterhalb von St.-Maurice präsentiert sich das Rhônetal als intensiv genutztes Agrarland. Wohn- und Industriezonen breiten sich aus, wovon der Velofahrer an der meist schattigen Flusspromenade indes nicht sehr viel mitbekommt. Als Belohnung für ihr fleissiges Pedalen warten auf die Kinder entlang der Strecke tolle Attraktionen.

Die nicht zu verfehlende Rhône-Route verläuft zwischen **Martigny** und **Le Bouveret** fast ausschliesslich am flachen Flussufer, so dass sich eine Beschreibung der Tour erübrigt. Doch die an der Strecke liegenden Kinderattraktionen machen Lust auf den Familienausflug und sollen daher nicht unerwähnt bleiben.

Bereits in **Evionnaz** bietet sich die erste Pause an, denn hier wartet ein **Baby-Zoo** mit über 200 Tieren und das grösste **Abenteuer-Labyrinth** der Welt mit unterirdischen Gängen, aufregender Schatzsuche und bezwingbaren Kletterwänden auf Besucher.

Mit Felsen kommt man auch in der Tropfsteinhöhle **Grotte aux Fées** bei **St.-Maurice** hautnah in Berührung; hier kann man durch einen 1 km langen Stollen zu einem Höhlensee wandern, in den ein 77 m hoher Wasserfall donnert.

Das untere Rhônetal ist für Familien wie geschaffen.

- ZIELGRUPPE: 1.
- CHARAKTER: Fast durchwegs an der Rhône verlaufende Flachetappe wechselweise auf verkehrsberuhigten Teer- und Naturwegen mit Endziel Genfer See.
- AUSGANGSORT: Martigny Bahnhof.
- ANREISE: Mit der Bahn via Bern, Lötschbergtunnel und Brig oder direkt aus Lausanne/Genf, mit dem Auto von Bern über Kandersteg (Autoverlad Lötschbergtunnel) oder auf der N 9 vom Genfer See. Rückfahrt zum Ausgangsort mit der in kurzen Abständen verkehrenden Bahn.
- STRECKENVERLAUF: Martigny – Evionnaz (11 km) – St. Maurice (4 km) – Rhônebrücke Aigle (15 km) – Le Bouveret (10 km) – Villeneuve (5 km).
- ABKÜRZUNG: Wenn kleinere Kinder dabei sind, sollte die Tour erst in St.-Maurice begonnen werden (gesamt: 30 km).
- KOMBINATION: In Villeneuve Weiterfahrt auf der Rhône-Route Richtung Genf, in Martigny Anschluss an Tour 23.
- LÄNGE: 45 km.
- HÖHENMETER: 20.
- REINE FAHRZEIT: 3,5 Std.
- ROUTEN-MARKIERUNG: Veloland-Route 1, Rhône.
- ESSEN UND TRINKEN: An allen Kinderattraktionen und in den Orten.
- SEHENSWERTES:
  - Martigny: siehe Tour 24.
  - Evionnaz: Baby-Zoo de la Rasse, Abenteuer-Labyrinth.
  - St.-Maurice: Schloss mit Militärmuseum (Di–So 10–12 und 14–18 Uhr), Abtei mit Schatzkammer, Felsenkapelle, Feengrotte (tgl. 10–18 Uhr), Kapelle Norte-Dame du Scex, Dufour-Festungen.
  - Aigle: Reb- und Weinmuseum (tgl. 10-12.30 und 14–18 Uhr).
  - Le Bouveret: Swiss Vapeur Parc (tgl. 10–18 Uhr).
  - Villeneuve: Schloss Chillon (tgl. 9–18 Uhr)
- ÜBERNACHTUNGSTIPP: Hotel Terminus (Velotel), Route Cantonale 46, 1897 Le Bouveret, Tel. 024/4813027, Fax 024/4812984 (DZ 77 sFr.).
- VELOHÄNDLER/-VERLEIH: Bahnhof Martigny, Tel. 027/7233900; St.-Maurice: Cherix SA, Grand Rue 37, Tel. 024/4852762.
- INFORMATION:
  - Office du Tourisme de Martigny, Place Centrale 9, Tel. (027) 7212220, Fax (027) 7212224.
  - Office du Tourisme de St.-Maurice, Avenue des Terreaux 1, Tel. (024) 4854040, Fax (024) 4854080.
  - Office du Tourisme de Bouveret, Rte Cantonale 42, Tel. (024) 4815121, Fax (024) 4814340.
  - Office du Tourisme de Villeneuve, Grand Rue 15, Tel. (021) 9602286, Fax (021) 9681013.

Nun müssen 25 km bis zu den nächsten Highlights gestrampelt werden, doch die Attraktionen in **Le Bouveret** sind der Mühe wert. Im **Swiss Vapeur Parc** fahren Dutzende von Mini-Nachbildungen berühmter Dampflokomotiven mit speziellen Reisezügen für Kinder und Erwachsene an winzigen, aber original getreu nachgebildeten Gebäuden vorbei. Und im **Acquapark** können Schiffe geentert und riesige Wasserrutschen getestet werden. Wer nach diesem Badespass die Lust am Velofahren verloren hat, kein Problem: nach **Villeneuve** fahren Schiffe, und das Zügli gibt es schliesslich auch noch.

Andernfalls lohnt auch die landschaftlich reizvolle Reststrecke, mit dem Velo gefahren zu werden. Denn im feuchten Rhônedelta finden zahlreiche Vögel und seltene Pflanzen Unterschlupf, der Grund dafür, dass das Gebiet unter Naturschutz steht.

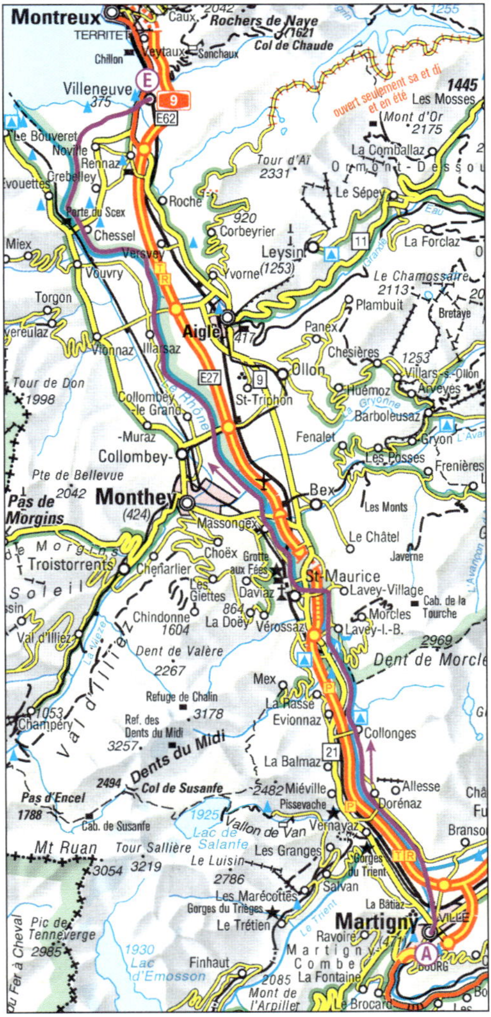

Auch im Spätherbst freut sich das Rhônetal noch über viele sonnige Tage.

Jura

Die hohen Lagen des Jura bieten ideale Voraussetzungen zum Velofahren: herrlich abgelegene Wege und schöne Landschaften. Unterwegs laden malerische Ortschaften zu willkommenen Erholungspausen ein.

■ Information: Jura Tourisme, Rue de la Gruère 1, CH-2350 Saignelégier, Tel. 032/9521952, Fax 032/9521955, Internet: www.jura.ch

25 Über die Ausläufer des Jura

Aarau – Gelterkinden – Liestal – Basel

Diese Tour bietet einen ersten Vorgeschmack auf das Velofahren im Jura: herzhafte Anstiege und Abfahrten mit wenig Autoverkehr inmitten einer beeindruckenden Landschaft.

Seit fast 20 Jahren findet am ersten Mittwoch im November in **Aarau** der **Rüeblimärt** statt. Auf den reich und originell geschmückten Ständen spielt natürlich das Rüebli eine wichtige Rolle. Die Küttiger Landfrauen sind mit ihren Küttiger Rüebli von Anfang an dabei. Nach unten spitz zulaufend, nicht süss wie die roten und die Pfälzerrüebli, sondern im Geschmack eher dem Kohlrabi ähnlich. Mit grünem Speck gekocht schmecken die Küttiger Rübli chüschtig und gleichzeitig angenehm mild – ein hervorragendes Gericht für kalte Tage.
Aarau ist aber auch bekannt als die Stadt der schönen Giebel. Vor Beginn der Velotour sollte daher ein kleiner Rundgang durch die Altstadt stehen. Danach geht es, den Wegweisern der Veloland-Route 3 folgend, am rechten Ufer der Aare entlang flussaufwärts aus der Stadt. Doch bald lässt man den Fluss hinter sich, denn bis **Stüsslingen** steht die erste kleinere Bergüberquerung an.

Die Ausläufer des Jura gilt es zu überwinden.

Das Münster in Basel.

Die weitere Route führt nun auf einer schmalen Nebenstrasse anfangs leicht, später kräftig ansteigend über **Rohr** und **Oltingen** die Ausläufer des Jura hinauf. Ohne viel störenden Autoverkehr bleibt genügend Zeit, während der Fahrt die herrliche Landschaft zu genießen.
Kurz hinter Oltingen beginnt bereits wieder die Abfahrt, die bei **Gelterkinden** endet. Ab Lies-

- ZIELGRUPPE: 3
- CHARAKTER: Wenig befahrene Nebenstrassen führen über die Ausläufer des Jura-Gebirges von der Aare an den Rhein.
- AUSGANGSORT: Aarau.
- ANREISE: Aarau ist auf der Bahnstrecke Zürich – Bern im Stundentakt zu erreichen. Mit dem Auto fährt man über die Nationalstrasse N 1. Zur Rückfahrt von Basel nach Aarau gibt es eine Verbindung der SBB.
- STRECKENVERLAUF: Aarau 🚉 – Rohr (11 km) – Anwil (6 km) – Gelterkinden 🚉 (8 km) – Liestal 🚉 (11 km) – Basel 🚉 (19 km).
- ABKÜRZUNG: Die Rückfahrt mit der Bahn kann bereits von Gelterkinden oder Liestal erfolgen.
- LÄNGE: 55 km.
- HÖHENMETER: Steigung: 450, Abfahrt: 550.
- REINE FAHRZEIT: 4 Stunden.
- ROUTEN-MARKIERUNG: Veloland-Route 3, Nord-Süd.
- ESSEN UND TRINKEN: In allen durchfahrenen Orten entlang der Strecke gibt es gute Einkehrmöglichkeiten.
- SEHENSWERTES:
  - Aarau: Altstadthäuser, Stadtkirche, Rathaus, Schloss, Kunsthaus, Kantonsbibliothek.
  - Basel: Historisches Museum, Naturhistorisches Museum, Kunstmuseum, Schweizerisches Sportmuseum, Volkskunde-Museum, Münster und Rathaus, Spalentor, St.-Alban-Viertel.
- ÜBERNACHTUNGSTIPP: Übernachtungsmöglichkeiten sind über den Basel Tourismus sowie das Verkehrsbüro in Aarau zu erfahren.
- VELOHÄNDLER/-VERLEIH:
  - Aarau: Bahnhof SBB, Tel. 0512/297216; Fischer Zweiradsport, Buchserstr. 34, Tel. 062/8232464.
  - Basel: Kostenloser Veloverleih für einen Tag, eine Aktion von Workfare, 8–22 Uhr, Bahnhof SBB, Theterplatz, Schifflände und Claraplatz, Ausweis und 20 SFr. Depot hinterlegen. Bahnhof SBB, Tel. 061/2762345.
- INFORMATION:
  - Aarau: Verkehrsbüro, Graben 42, Tel. 062/8247624.
  - Basel: Basel Tourismus, Schifflände 5, Tel. 061/2686868.

Aarau, die Stadt der schönen Giebel.

tal macht sich dann die Nähe zu Basel bemerkbar, der Autoverkehr nimmt zu und die ersten Industriebetriebe werden sichtbar. Durch mehrere Vororte gelangen wir schließlich auf der linken Rheinseite ins Zentrum von **Basel**, wo zahlreiche Sehenswürdigkeiten auf den Besucher warten.

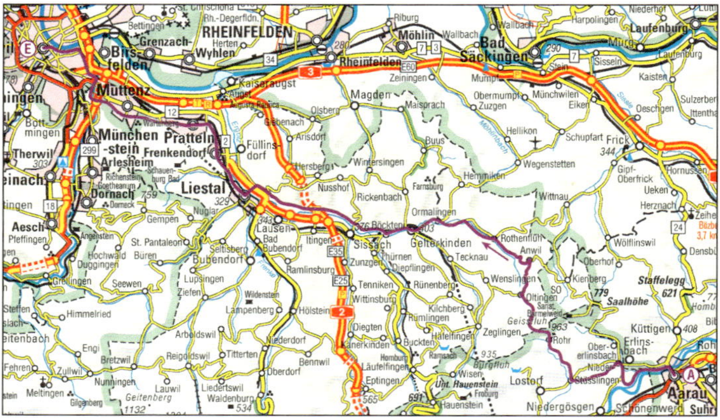

26 Am Ufer des Neuchâteler Sees

Neuchâtel – Champmartin – Estavayer-le-Lac – Yverdon

An manchen Stellen des Juragebirges hat man einen ausgezeichneten Blick auf den Neuchâteler See. Seine Uferwege sind besonders für Ausflüge mit der Familie zu empfehlen.

Einst residierten Grafen und Prinzen im Schloss von **Neuchâtel**, heute befindet sich die Neuenburger Regierung in seinen ehrwürdigen Gemäuern. Gleich daneben steht die schmucke Stiftskirche aus gelbem Stein, Collégiale genannt. Auch am Seeufer entlang findet man zahlreiche alte Herrenhäuser, Zeugen einer längst vergangenen Zeit. Einen besonders schönen Blick hat man übrigens vom Bahnhof, der in der oberen Stadthälfte liegt. Durch die engen Gassen findet jeder Velofahrer schnell den Weg hinunter zum See. Dort stösst man direkt auf den Veloweg, der in nordöstlicher Richtung aus der Stadt herausführt.

Hinter **Marin-Epagnier** wird der Kanal zum Bieler See überquert, danach folgt der so genannte Gemüsegarten der Schweiz, ein riesiges Anbaugebiet für Gemüse, Obst und Kräuter. Je nach Jahreszeit ist hier die Ernte des jeweiligen Erzeugnisses im Gange.

Die nachfolgenden Orte **Cudrefin** und **Portalban** haben eine direkte Schiffsverbindung nach Neuchâtel. Wenn beispielsweise die Tour für kleine Kinder zu lang ist, kann sie durch eine Schiffsfahrt abgekürzt werden. Unter Tel. 032/7254012 gibt es Infos zum Fahr-

Pferde auf der Weide.

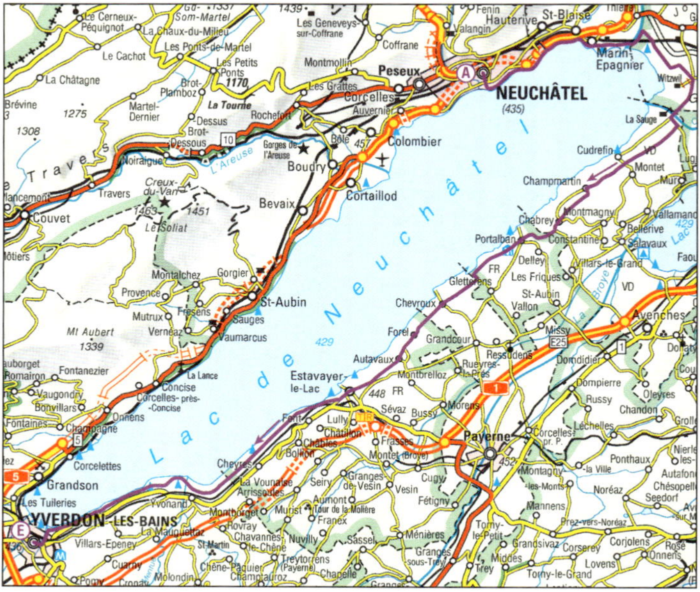

Anfeuerung unterwegs.

- Zielgruppe: 1 ab Estavayer-le-Lac, 2 für die gesamte Strecke.
- Charakter: Gemütliche Fahrt auf Velowegen und einigen Nebenstrassen entlang des Neuchâteler Sees.
- Ausgangsort: Neuchâtel.
- Anreise: Neuchâtel ist von Bern über die Nationalstrasse N 1 bzw. mit der Bahn schnell zu erreichen. Für die Rückfahrt besteht eine Bahnverbindung zwischen Yverdon und Neuchâtel im Stundentakt.
- Streckenverlauf: Neuchâtel – Champmartin (23 km) – Chevroux (10 km) – Estavayer-le-Lac (8 km) – Yverdon (21 km).
- Abkürzung: Es gibt Schiffsverbindungen von Neuchâtel nach Cudrefin und Portalban sowie eine Schiffsverbindung von Estavayer-le-Lac nach Yverdon.
- Kombination: In Yverdon endet die Tour 29.
- Länge: 62 km.
- Höhenmeter: Steigung: 100; Abfahrt: 100.
- Reine Fahrzeit: 5 Stunden.
- Routen-Markierung: Veloland-Route 5, Mittelland.
- Essen und Trinken: In allen Orten entlang der Route gibt es ausreichend Einkehr- und Einkaufsmöglichkeiten.
- Sehenswertes:
  - Neuchâtel: Schloss, Stiftskirche, Kunsthistorisches Museum.
  - Estavayer-le-Lac: Seebad, Fröschemuseum.
  - Yverdon: Thermalbad, Schloss, Modemuseum.
- Übernachtungstipp: Yverdon: Hôtel de l'Ecusson Vaudois (Velotel), Rue de la Plaine 29, Tel. 024/4254015. Weitere Übernachtungsmöglichkeiten sind über die jeweiligen Touristen-Informationen zu erfahren.
- Veloverleih:
  - Neuchâtel: Bahnhof SBB, Tel. 032/7292120; Velo au Pays de Neuchâtel, Tel. 032/8631124.
  - Yverdon: Bahnhof SBB, Tel. 024/4252115.
- Information:
  - Neuchâtel: Office du Tourisme, Rue de la Place d'Armes 7, Tel. 038/254242, Fax 038/242852.
  - Estavayer-le-Lac: Office du Tourisme, Place du Midi, Tel. 026/6631237, Fax 026/6634207.
  - Yverdon: Office du Tourisme, Place Pestalozzi, Tel. 024/4236290, Fax 024/4261122.

plan. Auf der weiteren Fahrt nach Chevroux führt der gut befestigte Weg durch einen weitläufigen Sumpf- und Schilfgürtel am Ufer. An manchen Stellen führen Stege zu Holztürmen, von denen aus man die einzigartige Vogelwelt beobachten kann.

Estavayer-le-Lac ist der nächste grössere Ort, der sich für einen Zwischenstopp anbietet. Insbesondere das Seebad ist bei Familien sehr beliebt. Nach einem erfrischenden Bad im See vergehen die letzten Kilometer über **Yvonand** nach **Yverdon** wie im Flug.

27 Über die Höhen des Jura

St. Ursanne – Giére – Porrentruy – St. Ursanne

Neben ihrer unverwechselbaren landschaftlichen Schönheit bieten die Höhen und Seitentäler des Jura für Velofahrer auch zahlreiche Berganstiege und Abfahrten.

Das kleine Städtchen **St. Ursanne** zählt noch zu den Geheimtipps des Jura. Sobald man das Flüsschen Doubs auf einer der Steinbrücken überschreitet und den sehr gut erhaltenen mittelalterlichen Stadtkern betritt, fühlt man sich um Jahrhunderte zurückversetzt. Die Stiftskirche mit ihren reichlichen Verzierungen lädt zu einem Besuch ein und die umliegenden kleinen Restaurants locken mit einheimischen Spezialitäten, darunter die frisch gefangenen Forellen. In St. Ursanne nimmt man sich noch Zeit, um das Leben zu geniessen und die Natur zu schätzen. Der gemächlich, in unzähligen Windungen dahinfliessende Doubs trägt erheblich dazu bei.
Am Ufer des Doubs entlang geht es auch aus St. Ursanne hinaus, Wegweiser ist zunächst die Veloland-Route 7, Richtung Porrentruy. Nach 2 km biegt die Veloland-Route rechts ab, wir fahren jedoch geradeaus auf der Strasse neben dem Fluss weiter. Einige Kilometer hinter **Ocurt** ist die französische Grenze, wir wechseln die Flussseite und erreichen nach 5 km **Giére**.

Haloween im Jura.

In Giére beginnt rechter Hand eine schmale Nebenstrasse, die sich steil die Montagnes de Gierre hinaufwindet. Nach 9 km anstrengender Fahrt ist **Montancy** erreicht. Kurz hinter dem Ort kommen wir wieder auf Schweizer Gebiet und beginnen die lange, gemütliche Abfahrt von den Höhen des Jura über **Villars** und **Fontenais** hinunter nach **Porrentruy**.

Nächster Etappenort ist das 4 km entfernte **Courgenay**, kurz danach treffen wir wieder auf die Veloland-Route, die uns zurück nach St. Ursanne bringt. Doch zuvor müssen nochmals die Höhen des Jura überwunden werden, zunächst steil hinauf nach **Seleute**, dann wieder rasant hinunter nach **St. Ursanne**, wo wir uns in Ruhe von den Strapazen erholen können. Wer sich die zweite Bergüberquerung von Porrentruy nach St. Ursanne sparen möchte, kann auch den Zug nehmen.

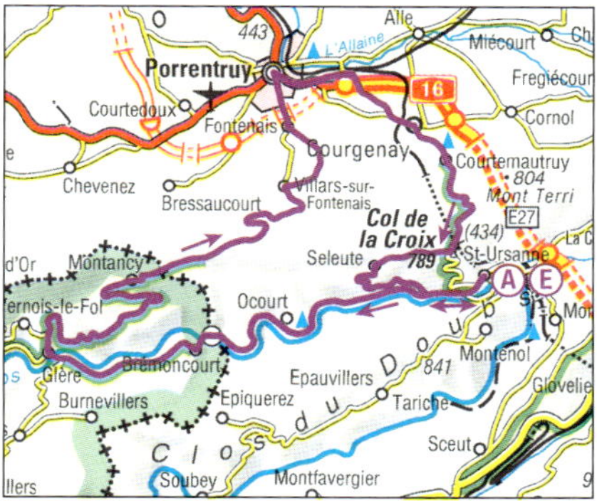

- Zielgruppe: 3
- Charakter: Anspruchvolle Berg- und Talfahrt auf Nebenstrassen mit einigen steilen Anstiegen und Abfahrten. Wegen des Grenzübertritts unbedingt den Ausweis mitnehmen.
- Ausgangsort: St. Ursanne.
- Anreise: St. Ursanne ist mit der Bahn über Delemont zu erreichen. Mit dem Auto nimmt man die neu gebaute Schnellstrasse von Biel.
- Streckenverlauf: St. Ursanne 🚉 – Giére (14 km) – Montancy (9 km) – Villars (6 km) – Fontenais (3 km) – Porrentruy 🚉 (2 km) – Courgenay (5 km) – St. Ursanne 🚉 (14 km).
- Abkürzung: Von Fontenais gibt es einen landwirtschaftlichen Weg nach Courgenay. Wer möchte, kann auch von Porrentruy die Bahn zurück nach St. Ursanne nehmen.
- Länge: 53 km.
- Höhenmeter: Steigung: 650; Abfahrt: 650.
- Reine Fahrzeit: 4 Stunden.
- Routen-Markierung: Ab Porrentruy Veloland-Route 7, Jura.
- Essen und Trinken: In den meisten Orten entlang der Route gibt es zwar Einkehr- und Einkaufsmöglichkeiten, doch ist wegen der anstrengenden Anstiege die Mitnahme von Getränken empfohlen.
- Sehenswertes:
  - St. Ursanne: Stiftskirche.
  - Porrentruy: Altstadtkern.
- Übernachtungstipp: Übernachtungsmöglichkeiten sind über Tourist-Information in Porrentruy und St. Ursanne zu erfahren.
- Veloverleih:
  Porrentruy: Bahnhof CFF, Tel. 032/ 466 17 27.
- Information:
  - St. Ursanne: Jura Tourisme, Rue de Quartier 18, Tel. und Fax: 032/ 461 37 16.
  - Porrentruy: Jura Tourisme, Grand Rue 5, Tel. 032/466 59 59.

28 Zum Lac de Taillères

Le Locle – Le Prevoux – La Brévine – Lac de Taillères und zurück

Diese Tour zeigt den Jura in seiner typischen Form: sanfte Höhenzüge, weite Hochebenen, einsame Seen. Trotz des bisweilen rauen Klimas ist die Gegend hervorragend zum Velofahren geeignet.

Der **Lac de Taillères**, umsäumt von saftigen Weiden und majestätischen Tannenwäldern, ist der charmanteste See des gesamten Jura. Im Sommer treffen sich dort Kanusportler und Windsurfer und im Winter verwandelt sich der See in eine riesige Natureisbahn, auf der sich unzählige Schlittschuhläufer tummeln.

Das kleine Städtchen **Le Locle** liegt eingebettet zwischen zwei Jurafalten, dementsprechend beginnt die Steigung gleich beim Ortsende. Vom Bahnhof in Le Locle folgen wir zunächst westwärts dem Velowegweiser »Col-des-Roches«. Nach etwa 1 km biegen wir links ab und folgen nun dem Wegweiser »Les Verrières«. Auf der steil ansteigenden Rue le Corbusier biegen wir nach 300 m bei einem Veloschild rechts ab und 700 m später geht es rechts auf die Landstrasse. Diese verlassen wir jedoch schon nach 500 m wieder und kommen rechts auf eine schmale Asphaltstrasse. Bei der nächsten Abzweigung müssen wir uns links halten und ansteigend durch den Wald fahren. An dessen Ende hat man einen sehr schönen Blick ins Tal und stellt erstaunt fest, wie viele Höhenmeter man bereits geschafft hat.

Vorbei an saftigen Weiden und vereinzelt stehenden Gehöften erreichen wir schließlich **Le Prevoux**, wo ein Restaurant zur Rast einlädt. Anschliessend geht es zunächst etwa 600 m auf der Kantonalstrasse 20 entlang, dann folgt links wieder eine Abzweigung auf eine schmale Landstrasse. Nach einer leichten Abfahrt kommen wir nun auf die Hochebene von La Brévine. Vor uns breitet sich die typische Jura-Landschaft aus, über die sanften Hügelketten ziehen sich endlose saftige Weiden hin, ab und zu kommt man an Gehöften vorbei, die mit ihrer typischen Architektur die Gegend prägen. Die Milchwirtschaft der Region produziert pro Jahr

Herbststimmung am Lac de Taillères.

über 5000 Käselaibe. Wer von einem der Prachtexemplare kosten möchte, sollte bei der Käserei in **La Chaux-du-Milieu**, dem nächsten durchfahrenen Ort, einen Zwischenstopp einlegen.
Spätestens in **La Brévine** sollte man sich nochmals mit Essen und Trinken versorgen, da es am **Lac de Taillères** keine Einkehrmöglichkeiten gibt. Beim Erreichen des Sees bedauert man fast, dass die Fahrt durch die herrliche Landschaft schon zu Ende ist, doch als Trost bleibt ja noch die Rückfahrt nach Le Locle auf der gleichen Strecke.

- ZIELGRUPPE: 2
- CHARAKTER: Gemütliche Fahrt auf der Hochebene von La Brévine, teilweise auf landwirtschaftlichen Nebenstrassen, teilweise entlang der Autostrasse. Zuvor muss allerdings bei Le Locle ein mittlerer Anstieg überwunden werden.
- AUSGANGSORT: Le Locle.
- ANREISE: Mit der Bahn über La Chaux-de-Fonds, mit dem Auto auf der Kantonstrasse 20.
- STRECKENVERLAUF: Le Locle 🚉 – Le Prevoux (6 km) – La Chaux-du-Milieu (4 km) – La Brévine (9 km) – Lac de Taillères (5 km) – Le Locle 🚉 (24 km).
- LÄNGE: 48 km.
- HÖHENMETER: Steigung: 250; Abfahrt: 250.
- REINE FAHRZEIT: 3–4 Stunden.
- ESSEN UND TRINKEN: In Le Locle, Le Prevoux und La Brévine gibt es Einkehrmöglichkeiten, am See hingegen nicht.
- SEHENSWERTES:
  - Le Locle: Uhrenmuseum und Kunstmuseum.
  - La Chaux-du-Milieu: Käserei.
  - Übernachtungen: Hotels sind über das Tourismusbüro in Le Locle zu erfahren.
- VELOVERLEIH: Le Locle: Gare CFF, Tel. 032/931 61 66.
- INFORMATION:
  - Le Locle: Bureau officiel de renseignements de la Ville, Rue Henry-Grandjean 5, Tel. 039/31 13 12;
  - Tourisme Neuchâtelois-Montagnes, Rue Daniel-Jean Richard 31, Tel. 032/931 43 30.

Genfer See

Abwechslungsreicher geht es kaum: gemütliche Seeufer- und Flusswege, Tagestouren im hügeligen Hinterland oder eine Fahrt durch die Weinberge – der Genfer See bietet jedem Velofahrer etwas nach seinem Geschmack.

■ Information: Office du Tourisme du Canton Vaud, Case postale 164, CH-1006 Lausanne, Tel. 021/6132626, Fax 021/6132620, Internet: www.lake-geneva-region.ch, E-Mail: info@lake-geneva-region.ch

29 Die Seen-Verbindung

Lausanne – St. Sulpice – La Sarraz – Yverdon

In verschiedenen Epochen wurde über einen Kanal zwischen dem Genfer und dem Neuchâteler See nachgedacht, zuletzt in den 1950er Jahren. Die Veloroute führt genau auf dieser Strecke entlang der Venoge.

Mit 26 Quadratmeten Grünfläche pro Einwohner zählt **Lausanne** zu den grünsten Städten Europas. Einen grossen Beitrag dazu leisten öffentliche Anlagen wie beispielsweise der Parque Mon Repos, der Parque Milan mit dem botanischen Garten sowie zur Überraschung vieler der Friedhof Bois de Vaux. Die Stadt besitzt aber auch grosse Wälder, ein umfangreiches Weideland sowie 35 Hektar Rebland, dessen Ertrag am ersten Wochenende im Dezember öffentlich versteigert wird.
Ein Grossteil der Grünanlagen befindet sich direkt am Genfer See, dessen Uferwege wir auf der ersten Etappe von Ouchy bis kurz

Die Ruhe vor dem Abflug.

Im Uferpark von Lausanne.

- Zielgruppe: 2, Teilstrecken auch 1.
- Charakter: Auf Velowegen und kaum befahrenen Nebenstrassen geht es zumeist flach vom Genfer an den Neuchâteler See.
- Ausgangsort: Lausanne.
- Anreise: Lausanne ist mit der Bahn oder über die Nationalstrassen problemlos zu erreichen. Von Yverdon zurück nach Lausanne besteht eine Zugverbindung im Stundentakt.
- Streckenverlauf: Lausanne – St.-Sulpice (8 km) – Cossonay-Gare (14 km) – La Sarraz (10 km) – Chavornay (10 km) – Yverdon (11 km).
- Abkürzung: In Chavornay oder Espendes kann man den Zug nehmen.
- Kombination: In Lausanne beginnt die Tour 30 und in Yverdon endet die Tour 26.
- Länge: 53 km.
- Höhenmeter: Steigung: 240; Abfahrt: 170.
- Reine Fahrzeit: 4 Stunden.
- Routen-Markierung: Veloland-Route 5, Mittelland.
- Essen und Trinken: In allen durchfahrenen Orten gibt es ausreichend Einkaufs- und Einkehrmöglichkeiten.
- Sehenswertes:
  - Lausanne: Kathedrale Notre-Dame; Schloss Saint-Marie; historisches Museum im Bischofspalast, Place de la Cathédrale, Di–So 11–18 Uhr geöffnet; Museum für Archäologie und Geschichte, Place de la Riponne, tgl. 10–12 Uhr und 14–17 Uhr geöffnet.
  - La Sarraz: Schloss und Pferdemuseum, von Mai–August täglich ausser Mo 10–17 Uhr geöffnet, im April, September und Oktober nur an Wochenenden und Feiertagen.
  - Yverdon: Thermalbad, Schloss, Modemuseum.
- Übernachtungstipp: Yverdon: Hôtel de l'Ecusson Vaudois (Velotel), Rue de la Plaine 29, Tel. 024/4254015. Weitere Übernachtungsmöglichkeiten sind über die Touristeninformation in den jeweiligen Orten zu erfahren.
- Veloverleih:
  - Lausanne: Gare CFF, Tel. 0512/242162.
  - Yverdon: Bahnhof SBB, Tel. 024/4252115.
- Information:
  - Lausanne: Office du Tourisme et des Congrès, Avenue de Rhodanie 2, Tel. 021/6137321, Fax 021/6168647.
  - La Sarraz: Office du Tourisme, Grand-Rue 1, Tel. 021/8666419, Fax 021/8666702.
  - Yverdon: Office du Tourisme, Place Pestalozzi, Tel. 024/4236290, Fax 024/4261122.

hinter St. Sulpice befahren. Danach geht es erst einmal ein Stück bergauf, bis man hinter Echandes das Flusstal der Venoge erreicht und auch noch weiter bis **La Sarraz**. An manchen Stellen sind am Ufer Spuren der hier frei lebenden Biber zu entdecken, die Tiere selbst bekommt man aber nur mit extrem viel Glück zu Gesicht. Etwa auf der Hälfte der Strecke liegt hoch über dem Fluss das 900 Jahre alte Schloss von La Sarraz, eine willkommene Gelegenheit für eine längere Pause.

Der restliche Weg über **Chavornay** und **Ependes** nach **Yverdon** führt über die Plaine de l'Orbe, eine fruchtbare Ebene mit Getreide- und Zuckerrüben-Anbau. Auf den gut befestigten landwirtschaftlichen Wegen kommt man unbehelligt vom Autoverkehr relativ schnell voran, sodass Sie das kleine Städtchen am Neuchâteler See bald erreichen. Der Ort ist bereits seit der Römerzeit für seine warmen Schwefelquellen bekannt und bei einem Besuch im Thermalbad lassen sich verspannte Muskeln wieder lockern.

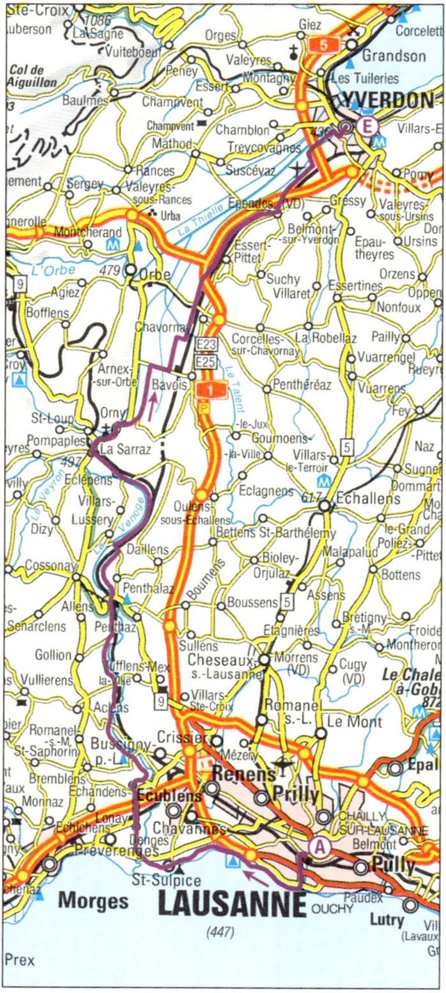

30 SEE, SCHLÖSSER UND WEINBERGE

Lausanne – Morges – Rolle – Nyon

Die Alpengipfel spiegeln sich im ruhigen Wasser des Genfer Sees und die Winzer gehen im Schein der aufgehenden Sonne ihrer Arbeit nach. Zwischen schmucken Dörfern und historischen Schlössern lässt sich genussvoll radeln.

Seit 1994 trägt **Lausanne** offiziell den Titel »Olympische Hauptstadt«, den ihr das seit 1915 in der Stadt niedergelassene Internationale Olympische Komitee (IOC) verliehen hat. Die Präsenz des IOC und wohl auch die herrliche Lage am Genfer See haben 13 andere Weltsportverbände veranlasst, sich hier niederzulassen. Nicht zuletzt deshalb ist Lausanne Austragungsort zahlreicher internationaler Sportwettkämpfe. Einer davon ist das Radrennen quer durch die Stadt vom Seeufer in Ouchy hinauf zur Kathedrale. Ganz so anstrengend geht es auf unserer Velotour nicht zu, wir wählen nämlich den umgekehrten Weg und rollen gemächlich vom Bahnhof hinunter an den See. Von dort geht es durch die Anlagen am Ufer entlang über **St. Sulpice** nach **Morges**. Lediglich die letzten Kilometer müssen auf einem Radweg entlang der Autostrasse zurückgelegt werden.
Um uns ähnliches Ungemach zu ersparen und auch um einen Blick auf das monströse Schloss von **Vufflenz-Le Chateau** (keine Besich-

Das Schloss von Vufflenz-Le Chateau.

Marktszene in Lausanne.

tigung) zu werfen, unterqueren wir beim Bahnhof von Morges die Bahnlinie und die Autobahn und nehmen die etwas ansteigende Nebenstrasse nach Vufflenz-Le Chateau.
Links am Schloss vorbei fahren wir noch ein Stück in den Ort hinauf und biegen beim Postamt links ab nach **Denens.** Von dort geht es dann über Lussy durch die Weinberge wieder hinunter nach **St. Prex** am Genfer See.

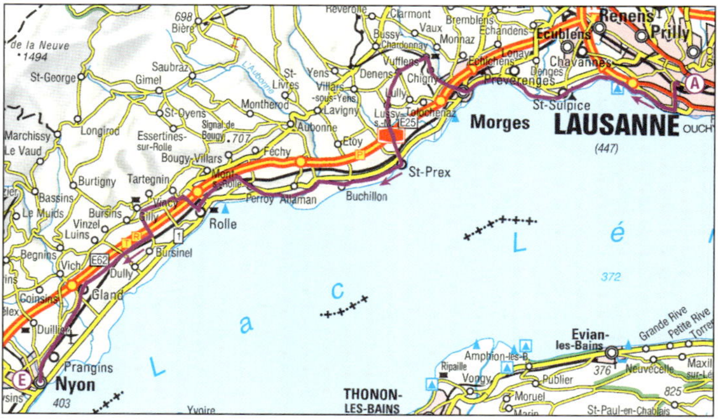

Ab hier gibt es wieder einen separaten Veloweg, der über **Buchillon, Rolle** und **Gland** teils am Ufer entlang, teils durch die Weinberge bis nach **Nyon** führt.
Unterwegs bieten sich zahlreiche Gelegenheiten, die Fahrt zu unterbrechen – mal lockt ein Strandbad zur Abkühlung im See, mal lädt ein mittelalterlicher Ortskern zur Besichtigung ein und hin und wieder bietet ein Restaurant in den Weinbergen leckere Köstlichkeiten aus der Region an.

- Zielgruppe: 2, ab St. Prex 1
- Charakter: Zumeist auf Velowegen in Ufernähe am Genfer See entlang und durch die angrenzenden Weinberge.
- Ausgangsort: Lausanne.
- Anreise: Lausanne ist mit der Bahn oder über die Nationalstrassen problemlos zu erreichen.
- Streckenverlauf: Lausanne – Morges (12 km) – St.-Prex (9 km) – Rolle (11 km) – Gland (9 km) – Nyon (6 km).
- Abkürzung: In fast allen Orten auf der Strecke kann man auf die Bahn umgesteigen.
- Kombination: In Lausanne beginnt auch die Tour 29, von Nyon führt die Tour 31 weiter nach Genf.
- Länge: 47 km.
- Höhenmeter: Steigung: 200; Abfahrt: 200.
- Reine Fahrzeit: 3–4 Stunden.
- Routen-Markierung: Veloland-Route 1, Rhône.
- Essen und Trinken: In allen durchfahrenen Orten gibt es ausreichend Einkaufs- und Einkehrmöglichkeiten, wobei die Restaurants in der Weinregion besonders zu empfehlen sind.
- Sehenswertes:
  - Lausanne: Kathedrale Notre-Dame; Schloss Saint-Marie; historisches Museum im Bischofspalast, Place de la Cathédrale, Di–So 11–18 Uhr geöffnet; Museum für Archäologie und Geschichte, Place de la Riponne, tgl. 10–12 Uhr und 14–17 Uhr geöffnet.
  - Morges: Schloss, Altstadt.
  - St. Prex: Mittelalterliche Burganlage.
  - Rolle: Schloss mit Uferpromenade.
  - Prangins: Schloss mit schweizerischen Landesmuseum, Di–So 10–17 Uhr geöffnet.
  - Nyon: Mittelalterlicher Stadtkern; Schloss, tgl. 10–12 Uhr und 14–18 Uhr geöffnet; Musée du Léman (alte Schiffe und Aquarien), tgl. 9–12 Uhr und 14–18 Uhr geöffnet.
- Übernachtungstipp: Übernachtungsmöglichkeiten sind über die Touristeninformation in den jeweiligen grösseren Orten zu erfahren.
- Veloverleih:
  - Lausanne: Gare CFF, Tel. 0512/242162.
  - Morges: Gare CFF, Tel. 021/8012115.
  - Rolle: Gare CFF, Tel. 0218251415.
  - Nyon: Gare CFF, Tel. 022/3611155.
- Information:
  - Lausanne: Office du Tourisme et des Congrès, Avenue de Rhodanie 2, Tel. 021/6137321, Fax 021/6168647.
  - Morges: Office du Tourisme, Rue du Château, Tel. 021/8013233, Fax 021/8013130.
  - Rolle: Office du Tourisme, Grand'Rue 1 bis, Tel. 021/8251535, Fax 021/8251131.
  - Nyon: Office du Tourisme, Avenue Viollier 7, Tel. 022/3616261, Fax 022/3615396.

---

31 Der Weg in die Weltstadt

Nyon – Versoix – Genf

Zuerst ein Rundgang in der historischen Stadt Nyon, dann eine Fahrt durch die Weinberge und zum Abschluss ein Besuch der weltbekannten Einrichtungen von Genf – ein ideales Tagesprogramm, das sich bequem mit dem Velo erledigen lässt.

Wer mit der Bahn in **Nyon** ankommt, beginnt seine Besichtigungsfahrt mit dem Velo am besten, indem er über die Rue de la Gare zum Marktplatz fährt, wo an bestimmten Tagen neben dem vieleckigen Brunnen die Köstlichkeiten der Region angeboten werden. Nur wenige 100 Meter weiter steht das imposante Schloss, in dessen Räumen eine bemerkenswerte Porzellan- und Fayencen-Sammlung ausgestellt ist. Von der Schlossterrasse aus bietet sich ein wunderschöner Blick auf den See und die umliegende Landschaft. Über die Rue de la Tour geht es weiter zum Caesar-Turm, dem vermutlich ältesten Gebäude von Nyon. Ein Stück weiter Richtung See folgt das Genfer-See-Museum (tgl. 9–12 Uhr und 14–18 Uhr geöffnet), das alles Wissenswerte rund um den See zusammengetragen hat. Direkt hinter dem Museum beginnt schon der Parc du Bourg-de-Rive, eine grosszügige Parkanlage, durch die wir dann die

sehenswerte Stadt verlassen. Am Rondell geht es rechts über den Sentier de la Combe bis zur Bahnlinie; von dort können wir den Wegweisern der Veloland-Route 1 folgen. Kurz vor Celigny kann man sich entscheiden, ob man lieber oberhalb des Genfer Sees weiterhin durch die Weinberge und Felder fährt oder lieber in Ufernähe durch die kleinen Orte. Die beiden Strecken laufen kurz vor **Versoix-Le Bourg** wieder zusammen. Wer einen Besuch im Schloss von **Coppet** eingeplant hat, nimmt die seenahe Alternative und folgt dem Wegweiser der Veloland-Route.

In **Genthod** wartet mit dem mittelalterlichen Schloss die

Gemütlich durch die Weinberge.

nächste Sehenswürdigkeit. Kurz danach, etwas hinter **Belvue,** ist bereits die Nähe der Weltstadt **Genf** spürbar: Der Autoverkehr nimmt zu und die Villen am Seeufer werden nobler. Schon bald führt die Route am Botanischen Garten vorbei. Wer dem europäischen Hauptquartier der Vereinten Nationen einen Besuch abstatten möchte, biegt hier rechts ab und fährt etwa 1 km den Hang hinauf. Wen es hingegen direkt ins Stadtzentrum zieht, folgt dem Veloweg durch die Parks am Seeufer entlang bis zur Mont-Blanc-Brücke.

- ZIELGRUPPE: 1
- CHARAKTER: Zumeist auf Velowegen in Ufernähe am Genfersee entlang und durch die angrenzenden Weinberge.
- AUSGANGSORT: Nyon.
- ANREISE: Nyon liegt an der Bahnstrecke Lausanne/Genf (Stundentakt) bzw. an der N 9.
- STRECKENVERLAUF: Nyon – Celigny (7 km) – Coppet (6 km) – Versoix-Le Bourg (4 km) – Genf (8 km).
- ABKÜRZUNG: In fast allen Orten auf der Strecke kann auf die Bahn umgestiegen werden.
  Variante: Etwa 5 km hinter Nyon kann bis kurz vor Versoix-Le Bourg durch die landschaftlich reizvollen Weinberge gefahren werden.
- KOMBINATION: In Nyon endet die Tour 30 und in Genf beginnt die Tour 32.
- LÄNGE: 25 km.
- HÖHENMETER: Steigung: 70; Abfahrt: 70.
- REINE FAHRZEIT: 2 Stunden.
- ROUTEN-MARKIERUNG: Veloland-Route 1, Rhône.
- ESSEN UND TRINKEN: In allen Orten der Strecke gibt es ausreichend Einkaufs- und Einkehrmöglichkeiten.
- SEHENSWERTES:
  - Nyon: Mittelalterlicher Stadtkern; Schloss, tgl. 10–12 Uhr und 14–18 Uhr geöffnet; Musée du Léman (alte Schiffe und Aquarien), tgl. 9–12 Uhr und 14–18 Uhr geöffnet.
  - Coppet: Schloss, tgl. 14–18 Uhr geöffnet.
  - Genf: Museum der Wissenschaftsgeschichte; Botanischer Garten; Vereinigte Nationen (Führungen Mo–Fr 10–12 Uhr und 14–16 Uhr, im Sommer auch an den Wochenenden); Museum des Roten Kreuzes und des Roten Halbmonds (Mi–Mo 13–17 Uhr geöffnet); Kathedrale St. Pierre.
- ÜBERNACHTUNGSTIPP: Übernachtungsmöglichkeiten sind über die Touristeninformation in den jeweiligen Orten zu erfahren.
- VELOVERLEIH:
  - Nyon: Gare CFF, Tel. 022/3611155.
  - Genf: Gare CFF, Tel. 022/7152220. Kostenloser Veloverleih für einen Tag, eine Aktion von Workfare, 7.30–21.30 Uhr, Place de Montbrillant 17, Bains de Pâquis, Place du Rhône, Plaine de Plainpalais, Ausweis und 50 sFr. Depot hinterlegen.
- INFORMATION:
  - Nyon: Office du Tourisme, Avenue Viollier 7, Tel. 022/3616261.
  - Genf: Office du Tourisme de la Ville de Genève, Rue du Mont-Blanc 3, Tel. 022/9097000.

32 Ins Hinterland von Genf

Genf – Aire-la-Ville – Chancy – Logras – Dardagny – Genf

Vom Herzen der Weltstadt geht es zunächst durch einsame und verlassene Gegenden über die französische Grenze hinauf zu den Ausläufern des Jura. Die Rückfahrt führt durch die Weinbau-Region um Satigny.

Genf – ein Ort, an dem man sich kaum satt sehen kann. Denn immer wieder tauchen neue Parks, Museen oder andere Sehenswürdigkeiten auf. Auch das Umland dieser Stadt mit dem internationalen Flair hat einiges zu bieten. Ein Velo ist das ideale Gefährt für eine Erkundungsfahrt.
Die Fahrt vom Bahnhof hinaus auf das Land erfolgt westwärts auf der markierten Veloroute Richtung Vernier. Gleich nach dem Überqueren der Autobahn biegen wir links ab und fahren durch **Vernier** in Richtung Penney. Kurz vor dem Ort geht es links über die Rhône

- Zielgruppe: 2
- Charakter: Fahrt auf wenig befahrenen Nebenstrassen durch das hügelige Umland von Genf. Wegen des Grenzübertritts unbedingt Ausweis mitnehmen.
- Ausgangsort: Genf.
- Anreise: Genf ist mit der Bahn und dem Auto problemlos zu erreichen.
- Streckenverlauf: Genf – Vernier (4 km) – Aire-la-Ville (6 km) – Avully (6 km) – Chancy (6 km) – Logras (6 km) – St.-Jean-de-Gonville (5 km) – Dardagny (5 km) – Satigny (8 km) – Vernier (4 km) – Genf (4 km).
- Abkürzung: In Russin und Satigny kann man auf die Bahn nach Genf umgesteigen.
- Kombination: In Genf endet die Tour 31.
- Länge: 52 km.
- Höhenmeter: Steigung: 340; Abfahrt: 340.
- Reine Fahrzeit: 4 Stunden.
- Essen und Trinken: In allen durchfahrenen Orten gibt es ausreichend Einkaufs- u. Einkehrmöglichkeiten.
- Sehenswertes:
  Genf: Museum der Wissenschaftsgeschichte; Botanischer Garten; Vereinte Nationen (Führungen Mo–Fr 10–12 Uhr und 14–16 Uhr, im Sommer auch an den Wochenenden); Museum des Roten Kreuzes und des Roten Halbmonds (Mi–Mo 13–17 Uhr geöffnet); Kathedrale St. Pierre.
- Übernachtungstipp: Übernachtungsmöglichkeiten sind über die Touristeninformation in Genf zu erfahren.
- Veloverleih:
  Genf: Gare CFF, Tel. 022/7152220. Kostenloser Veloverleih für einen Tag, eine Aktion von Workfare, 7.30–21.30 Uhr, Place de Montbrillant 17, Bains de Pâquis, Place du Rhône, Plaine de Plainpalais, Ausweis und 50 sFr. Depot hinterlegen.
- Information:
  Genf: Office du Tourisme de la Ville de Genève, Rue du Mont-Blanc 3, Tel. 022/9097000.

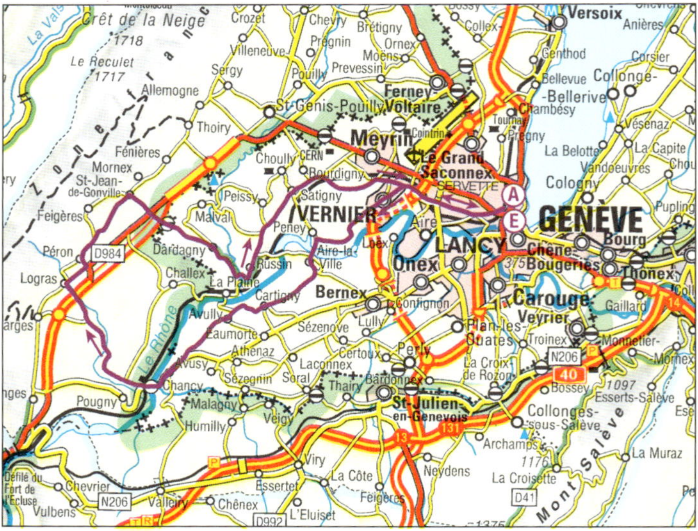
Crêt de la Neige
1718
Le Reculet
1717
Crozet
Chevry
Brétigny
Collex
Versoix
Anières
Villeneuve
Prégnin
Ornex
Genthod
Corsier
Sergy
Moëns
Prevessin
Bellevue
Collonge-
-Bellerive
Allemogne
Pouilly
Ferney-
Voltaire
Chambésy
St-Genis-Pouilly
Thoiry
Meyrin
Cointrin
Pregny
Vésenaz
Fénières
Choully
CERN
Le Grand
Saconnex
La Belotte
La Capite
Mornex
Bourdigny
Vandoeuvres
St-Jean-
de-Gonville
SERVETTE
Cologny
Peissy
Satigny
Feigères
Malval
VERNIER
GENÈVE
Pupling
Peney
Aire
Dardagny
Loëx
LANCY
Bourg
Péron
D984
Aire-la-
Ville
Chêne-
Bougeries
Russin
Onex
Challex
Thônex
Logras
La Plaine
Cartigny
Bernex
Carouge
Confignon
Gaillard
Avully
Veyrier
Le Rhône
Lully
Plan-les-
Ouates
Troinex
Eaumorte
Sézenove
Monnetier-
Mornex
Athenaz
Certoux
Perly
N206
Avusy
Laconnex
La Croix-
de Rozon
40
Sézegnin
Soral
Thairy
Bardonnex
Bossey
1097
Chancy
Esserts-Salève
Pougny
Malagny
St-Julien-
en-Genevois
Veigy
Collonges-
sous-Salève
Humilly
131
13
Archamps
Mont Salève
Viry
1176
La Muraz
Neydens
La Côte
La Croisette
Défilé du
Fort de
l'Ecluse
Chevrier
Essertet
D41
N206
Valleiry
Feigères
Vulbens
Chênex
D992
L'Eluiset

Genève

nach **Aire-la-Ville**. Danach pedalen wir zunächst ein kurzes Stück Richtung Bernex und halten uns dann rechts bis nach **Cartigny**. Von hier geht es ein kurzes Stück steil hinunter nach **Avully** und anschliessend wieder hinauf nach **Chancy**.
Die Gegend hier ist sehr ländlich, hin und wieder kommt man an einem Weinberg vorbei. Der Jura, das Ziel der Etappe, rückt immer näher heran. Kurz hinter Chancy überqueren wir die Grenze zu Frankreich, danach beginnt eine der schönsten Velo-Strecken der Gegend: Auf einer schmalen geteerten Strasse fahren wir, kaum von Autos gestört, durch eine wildromantische abgelegene Landschaft ständig leicht bergan auf den Jura zu. Die Strasse endet in **Logras**, wo man zunächst ein kurzes Stück der Autostrasse entlang fährt und dann links hinauf nach **Peron**.
Wir befinden uns bereits am Hang des Jura, die schmalen Strassen werden häufig von Velofahrern frequentiert. Wir fahren nun parallel zum Gebirge bis **St.-Jean-de-Gonville**. An der Dorfkirche vorbei geht es nun wieder bergab bis zur grossen Autostrasse, dort rechts und nach ca. 200 m links auf die Route de Roulave. Nach etwa 2 km kommen wir wieder auf Schweizer Gebiet und lassen es gemütlich durch die Weinberge nach **Dardagny** rollen.
Nach **Russin** kommt jetzt **Satigny**, die grösste weinbauende Gemeinde der Schweiz. Aus der Chasselas-Traube wird hier der herzhafte und spritzige Weisswein produziert, während die Gamay-Traube einen fruchtigen und ausgewogenen Rotwein ergibt. Mehrere Weinkellereien entlang der Strecke laden die müde gewordenen Velofahrer zu einer Kostprobe ein. Das restliche Stück ist auch nicht mehr besonders lang, den Velo-Wegweisern Richtung Genf folgend gelangen wir über **Vernier** wieder zurück in die Weltstadt. Wer noch genügend Zeit hat, kann in Genf noch einen kleinen Stadtbummel anschließen. Ausgangspunkt ist die Mont-Blanc-Brücke in der Nähe des Hauptbahnhofs unten am See. Nach dem Überqueren der Rhône kommt auf der linken Seite der Jardin Anglais mit der Blumenuhr. Danach geht es am See entlang weiter zur Wasserdüse, dem Wahrzeichen der Stadt.
Wieder zurück zur Mont-Blanc-Brücke führt eine Straße links den Hügel hinauf, wo gleich mehrere Sehenswürdigkeiten warten: Rathaus, Kathedrale St. Pierre und Genfer Heimatmuseum (Di bis Sa 12 bis 17 Uhr, So 10 bis 17 Uhr geöffnet). Über die Rampe de la Treillie geht es nun hinunter zum Place Neuve, in dessen Umgebung sich das Grand Théâtre, das Musikkonservatorium, die Universitätsbibliothek die Mauern der Reformatoren sowie das Museum Rath (Di, Do bis So 10 bis 17 Uhr und Mi 12 bis 21 Uhr geöffnet) befinden. Von dort sind es nur wenige Minuten auf der Pont de l´Ile über die Rhône zurück zum Hauptbahnhof.

Die Tour führt an schönen Kirchen und anderen Sehenswürdigkeiten vorbei.

Tessin

Während im Norden tief eingeschnittene Alpentäler in das weite Becken des Lago Maggiore auslaufen, haben die an den Tessiner Seen gelegenen Orte im Süden bereits mediterranen Charakter. Romanische Kirchen, barocke Schlösser und zeitgenössische Architektur prägen die Landschaft, die sich wegen des milden Klimas bestens für Velotouren eignet.

■ Information: Ticino Tourismo,
Casella postale 14 41,
CH-6501 Bellinzona,
Tel. 091/8257056,
Fax 09/8253614,
Internet: www.tourism-ticino.ch,
E-Mail: ett@tourism-ticino.ch

33 ÜBER DEN LUKMANIER INS TESSIN

Disentis – Lukmanierpass – Biasca

Der Lukmanierpass war im frühen Mittelalter der wichtigste Alpenübergang. Im ruhigen Bleniotal finden sich mit Burgruinen und alten Kirchen stumme Zeugen einer Zeit, als die Handelswege noch streng observiert wurden. Heute gibt es schnellere Verbindungen ins Tessin, weshalb der Pass an Bedeutung verloren hat.

Ab **Disentis** steigt die Strasse nach kurzer Abfahrt durch Tunnels und Galerien der wildromantischen Schlucht »Las Ruinas« kräftig an. Dann öffnet sich das Tal abrupt, die Pyramide des Piz Valatscha taucht im Hintergrund auf. Die Häuser der beiden Dörfer **Curaglia** und **Platta** prägen mit ihrer typischen Holz- und Steinbauweise auch heute noch das Medelsertal.

Hinter dem verlassenen Weiler **San Gione** ist die Mauer des Stausees schon von weitem sichtbar; den auf dem angrenzenden Hochplateau liegenden **Lukmanierpass** mit der Raststation **Hospizi S. Maria** erreicht man schließlich nach einer überraschend langen Tunnelquerung.

Oberhalb der Schlucht Las Ruinas blickt man auf das Kloster Disentis zurück.

Die alte Dorfkirche in Platta.

Wanderer finden am Pass schöne Wege zu idyllischen Bergseen, für den Radler folgt eine 44 km lange Abfahrt fast ohne Unterbrechung. Die Landschaft mit den weissen Gipsgesteinen aus der Triaszeit und den herrlichen Föhrenwäldern scheint an einem vorbeizufliegen. Über **Acqucalda** und **Camperio** rauscht

- Zielgruppe: 3.
- Charakter: Lohnende Passüberschreitung mit Anstieg durch das urchige Medelsertal und phantastischer Abfahrt ins Tessin. Landschaft, Klima und Mentalität wechseln zwischen Disentis und Biasca auf fundamentale Weise.
- Ausgangsort: Bahnhof Disentis.
- Anreise: Mit Pkw und Bahn am schnellsten via Chur. Rückfahrt mit der Bahn über Göschenen und Andermatt.
- Streckenverlauf: Disentis – Platta (7 km) – Lukmanierpass (13 km) – Camperio (13 km) – Olivone (6 km) – Ponte Valentino (7 km) – Motto (9 km) – Biasca (9 km).
- Kombination: In Biasca Anschluss an Nord-Süd-Route Richtung Chiasso (siehe Tour 34) und Basel, in Disentis kann man auf der Rhein-Route über den Bodensee nach Basel fahren.
- Länge: 64 km.
- Höhenmeter: Steigung: 800; Abfahrt: 1650.
- Reine Fahrzeit: 4 Std.
- Essen und Trinken: Beim Anstieg Gasthöfe in Curaglia und Platta, am Pass Hospizi S. Maria, im Bleniotal Restaurants in fast allen Orten.
- Sehenswertes:
  - Disentis: Kloster mit barocker Kirche und Museum (Juni–Oktober Di, Do u. Sa 14–17 Uhr), Museum Wollkarderei de Sax, Pfarrkirche, Kirche St. Maria, Galerie Art-Deco.
  - Olivone: Heimatmuseum San Martino mit Kirche.
  - Lottigna: Museum Blenio (beide Museen Di–So 14–17, Sa + So auch 10–12 Uhr), Kirche SS. Pietro e Paolo.
  - St. Ambrosiuskirche (alte Fresken und Malereien) in Negrentino.
  - Semione: Castello di Serravalle (Burgruine), Mineralien- und Fossiliensammlung.
  - Biasca: Museum der Infanteriewaffen Fort Mondascia (Sa + So 9–16 Uhr, Gruppen nach Vereinbarung: Tel. 091/9428630), Brücke Santa Petronilla.
- Übernachtungstipp: Hotel Al Giardinetto, Via A. Pini, 6710 Biasca, Tel. 091/8621771, Fax 091/8622359 (DZ 40–75 sFr.).
- Velohändler/-verleih: Disentis: Bahnhof, Tel. 081/9475132; Camping Fontanivas, Tel. 081/9474422; Velo Furger, Lukmanierstrasse, Tel. 081/9364444.
- Information:
  - Disentis Tourismus, Lukmanierstrasse, Tel. 081/9203020, Fax 081/9203029.
  - Ente Turistico Biasca e Riviera, Tel. 091/8623327, Fax 091/8624269.

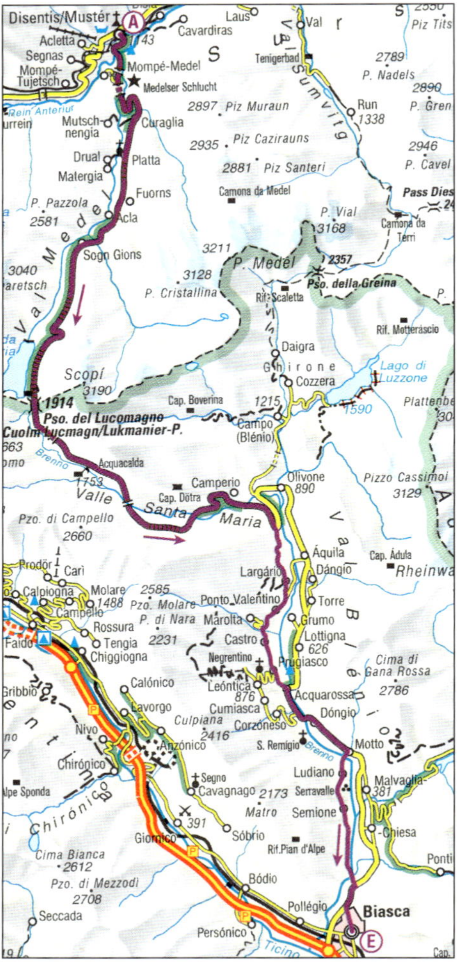

man nach **Olivone,** einen der schönsten Orte des Bleniotals. In **Acquila** wechselt man dann auf der hinter der Kirche rechts abzweigenden Strasse die Talseite und fährt hier über die abgelegenen Orte **Ponte Valentino, Prugiasco** und **Corzoneso** wieder auf die Hauptstrasse zurück. Aber schon nach kurzer Zeit entzieht man sich in **Motto** dem zunehmenden Verkehr, indem man die Nebenstrecke über **Semione** wählt. Kurz vor Biasca drängt ein riesiger Schuttkegel die Strasse an den Fluss Brenno; das Granitgestein wird in zahlreichen Steinbrüchen der näheren Umgebung gefördert. Die Restaurierer der romanischen, hoch über der Stadt thronenden Kirche Santi Pietro e Paolo, dank reicher Freskomalereien im Inneren ein Kulturschatz erster Güte, konnten ihr Baumaterial also quasi aus direkter Nachbarschaft beziehen. Das Zentrum des lebendigen Industrie- und Handelsstädtchens, das exakt am Schnittpunkt der Routen über den Gotthard- und Lukmanierpass liegt, erreicht man am besten auf »Schleichwegen« über die bezeichnete Wanderroute.

34 »Mein Tessin ist eine Insel«

Bellinzona – Monte Ceneri – Melide

Der Landschaftswechsel zwischen Bellinzona und dem Luganer See ist fundamental. Hier eine Festungsstadt mit mittelalterlichen Burgen und das sich zum Lago Maggiore hin ausbreitende Ticinotal, dort eine fjordähnliche Seenwelt mit mediterranen Palmenpromenaden.

Vom Bahnhof **Bellinzona** fährt man auf der bezeichneten Veloroute in die Flussebene **Piano di Magadino**. Das 2000 ha umfassende Areal ist die ergiebigste Agrarzone des Tessins. Ein landwirtschaftlicher Lehrpfad mit Informationstafeln gibt Aufschluss über Anbaumethoden, Verarbeitung und Vermarktung der Agrarprodukte. Teile des Lehrpfads werden von der Veloroute berührt, bevor in **Cadenazzo** das Ende der Ebene erreicht ist.

- Zielgruppe: 2.
- Charakter: Abwechslungsreiche Fahrt durch die fruchtbare Agrarebene am Auslauf des Ticinotals über den Pass Monte Ceneri und abwärts an den Luganer See. Fast durchweg Asphalt, zum Teil auf Autostrassen.
- Ausgangsort: Bahnhof Bellinzona.
- Anreise: Mit dem Pkw auf der N 35 über Göschenen durch den Gotthard-Tunnel, mit der Bahn auf gleicher Route Direktverbindung aus Zürich. Rückfahrt mit der Bahn über Lugano.
- Streckenverlauf: Bellinzona – Cadenazzo (12 km) – Monte Ceneri (7 km) – Taverne (10 km) – Piodella (9 km) – Morcote (11 km) – Melide (5 km).
- Kombination: In Melide Weiterfahrt auf der Nord-Süd-Route Richtung Chiasso.
- Länge: 54 km.
- Höhenmeter: Steigung: 380; Abfahrt: 420.
- Reine Fahrzeit: 4 Std.
- Routen-Markierung: Veloland-Route 3, Nord-Süd.
- Essen und Trinken: Einkehren in Bellinzona, Cadenazzo, Ostaria Ronco am Monte Ceneri, Casoro, Figino, Morcote (Strassencafés!) und Melide.
- Sehenswertes:
  - Bellinzona: Museo di Castel Grande, Archäologisches Museum im Castello di Montebello, Castello di Sasso Corbaro (alle Di–So 9–12 und 14–18 Uhr), Städtische Kunstgalerie, Kirchen S. Maria delle Grazie und San Biagio, Altstadt.
  - Morcote: Pfarrkirche S. Maria del Sasso, Scherrer Park.
  - Melide: Freilichtanlage Swissminiatur (tgl. 8–18 Uhr, im Sommer bis 22 Uhr).
- Übernachtungstipp: Hotel Campione (Velotel), Via Campione 62, 6816 Bissone, Tel. 091/6499622, Fax 091/6496821 (DZ 80–130 sFr.).
- Velohändler/-verleih: Bahnhof Bellinzona, Tel. 091/8217244, Bahnhof Melide Tel. 091/6497202.
- Information:
  - Ente Turistico di Bellinzona, Via Camminata 2, Tel. 091/8252131, Fax 091/8253817.
  - Ente Turistico del Ceresio Melide, Via Pocobelli 14, Tel. 091/6496383, Fax 091/6495613.

Rennradspass am Luganer See.

Es folgt ein Anstieg von 340 Höhenmetern auf 6 km zur **Monte Ceneri**, in dessen Verlauf sich eindrückliche Blicke auf den Lago Maggiore und Locarno ergeben. Jenseits des Passes rollt man genussvoll über **Bironico**, **Sigirino** und **Taverne** zunehmend am Bachlauf der Vedeggio abwärts, bis man bei **Muzzano** an den Luganer See gelangt. Weiter geht es auf der Quaistrasse durch reizvoll am Ufer gelegene Orte wie **Casoro** und **Figino** nach **Marcote**, wo aneinander gereihte Strassencafés südliches Flair und besten Seeblick garantieren. Hier ahnt man, was die Malerin Aoi Huber zu folgendem Zitat verleitete: »Mein Tessin ist eine Insel. Es gibt zwar kein Meer, aber sonst ist alles da.« In **Melide** enden derlei Schwärmereien in Anbetracht aufkommenden Verkehrs; die 7 km lange Strecke nach Lugano ist meist von Autokolonnen begleitet.

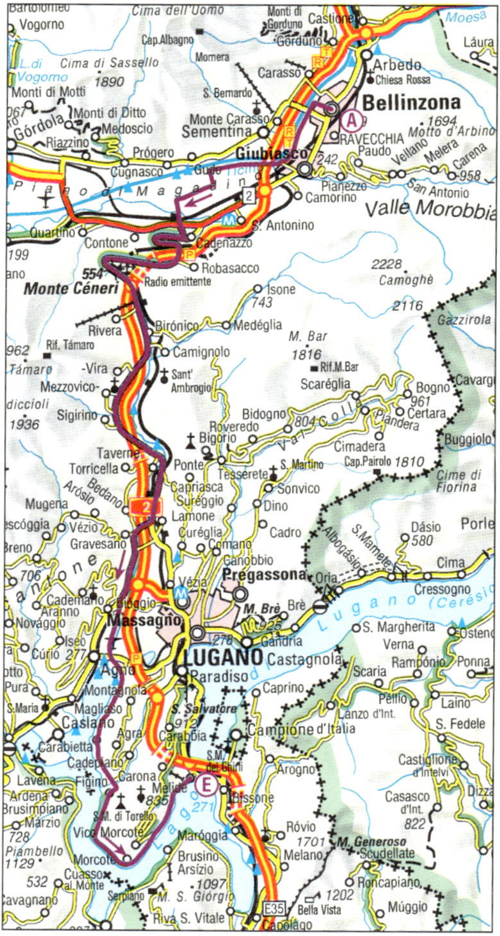

35 Val Bavona – Reinheit der Natur

Lorcarno – Maggia – Santa Carlo – Locarno

Das Valle Maggia ist das weitläufigste Bergtal des Tessins. In allen Orten ist der alte Dorfkern intakt geblieben: Die Bauernhäuser gruppieren sich, eng zusammengepfercht, um den Granitbrunnen, der Mensch und Tier heute wie damals mit Wasser versorgt. Im abzweigenden Bavonatal fühlt man sich gar in ruhige Vorzeit versetzt.

Locarno verlässt man an der Seepromenade, indem man zunächst den Veloschildern Richtung Ascona folgt. Nach Überqueren der Maggia fährt man links im Bogen durch die Unterführung und auf dem Uferweg bis zur nächsten Brücke; hier wieder über den Fluss und an der Hauptstrasse links.
Bei **Pontebrolla** teilen sich die Täler, durch die enge Schlucht gelangt man in das weitläufige Maggiatal.
1 km vor **Avegno** kann man den Veloweg benutzen, fortan führen Nebenstrecken immer wieder von der Hauptstrasse weg und durch

Kunsthandwerksladen bei Cevio im Valle Maggia.

die allesamt hübschen Ortskerne hindurch. Über **Gordevio** erreicht man das malerische **Maggia**, wo Felder und Reben die Landschaft prägen. Weiter geht es stets leicht bergan über **Giumaglio, Someo** und **Riveo** nach **Cevio**; im Hauptort des Tals sind noble Herrschaftsgebäude zu bewundern.
Nordwestlich von **Bignasco** öffnet sich das Bavonatal. Wer sich fit genug fühlt, sollte das Tal unbedingt in Angriff nehmen, denn Mensch und Natur sind hier noch mit sich im Reinen. Hohe Felswände flankieren das enge Tal, in dessen sich im Schatten von Buchen und Kastanien riesige Granitblöcke türmen. Die urchigen Weiler sind nur im Sommerhalbjahr bewohnt und kommen weitgehend ohne Strom aus. Wohnhäuser mit Lauben und am Hang gele-

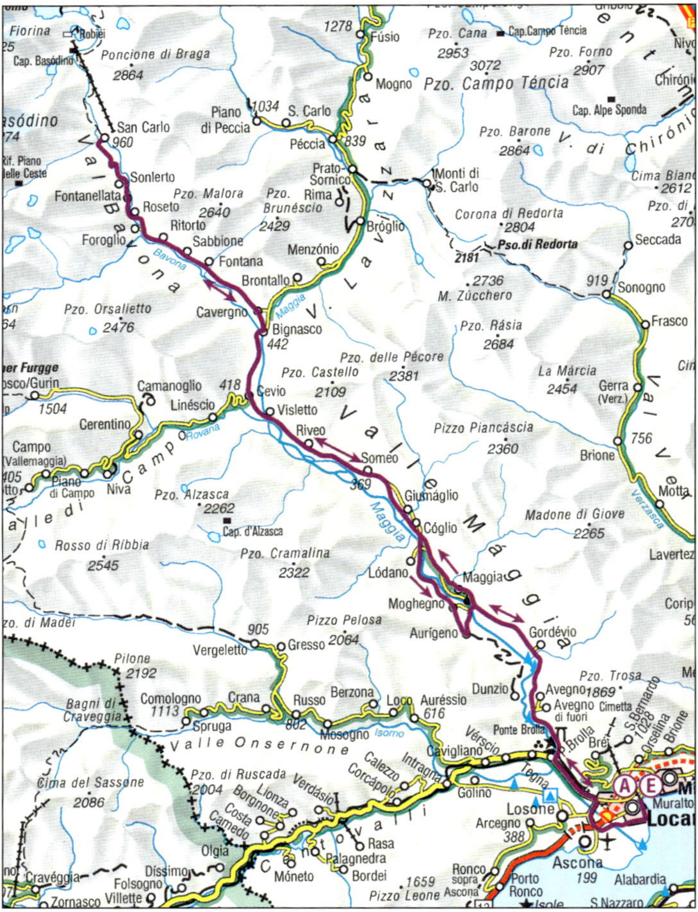

Zurück zum Urprung: Ritorto im Valle Bavona.

genen Gärten sowie grosszügige Loggien sind dennoch keine Seltenheit. Ob **Ritorto**, **Foroglio** oder **Roesto**, ein Weiler ist schöner als der andere.

In **Santa Carlo** ist der höchste Punkt erklommen. Wasserfälle spritzen von den glatten Felswänden herab, langsam rüstet man sich für die Abfahrt. Dabei nimmt man die gleiche Route wie auf dem Hinweg, mit einer Ausnahme: Kurz nach **Coglio** steuert man rechts nach **Lodano** und fährt auf einer schönen Waldstrecke über **Moghegno** und **Aurigeno** wieder zur Hauptroute zurück.

- ZIELGRUPPE: 3 (bis Bignasco: 2).
- CHARAKTER: Fahrt vom Lago Maggiore in das lang gezogene Maggiatal mit Abstecher in das urchige Bavonatal; hier stotziger Schlussanstieg. Fast durchwegs Asphaltstrecke.
- AUSGANGSORT: Bahnhof Locarno.
- ANREISE: Mit dem Pkw auf der N 35 über Göschenen (Gotthard-Tunnel) und Bellinzona, mit der Bahn auf gleicher Route (umsteigen in Bellinzona).
- STRECKENVERLAUF: Locarno – Avegno (10 km) – Maggia (7 km) – Cevio (13 km) – Bignasco (3 km) – Foroglio (6 km) – Santa Carlo (5 km) – Cevio (14 km) – Lodano (12 km) – Gordevio (8 km) – Locarno (13 km).
- KOMBINATION: Von Locarno in die Täler Verzasca und Centovalli.
- LÄNGE: 91 km.
- HÖHENMETER: 900.
- REINE FAHRZEIT: 6–7 Stunden.
- ROUTEN-MARKIERUNG: Radweg Ascona (Locarno).
- ESSEN UND TRINKEN: Im Maggiatal Gasthöfe in Avegno, Grodevio, Maggia, Giumaglio, Cevio, Bignasco, im Bavonatal laden die Restaurants La Froda in Foroglio und Basodino in Santa Carlo zur Pause ein.
- SEHENSWERTES:
  - Locarno: Schloss Visconti mit städtischem und archäologischem Museum, Kunstmuseum (beide Di–So 10–12 und 14–17 Uhr), mehrere Kirchen und Kapellen (darunter die Wallfahrtskirche Madonna del Sasso mit Museum Casa del Padre), Altstadt mit Piazza Grande.
  - Maggia: Piazza am Dorfbrunnen, steingedeckte Rustici-Bauten, Kirche S. Maurizio.
  - Cevio: Museo di Valmaggia mit Palazzo Franzoni (Di–Sa 10–12 und 14–18 Uhr, So 14–18 Uhr), Palazzo Pretorio, Kirche S. Maria del Ponte.
  - Valle Bavona: urchige Dörfer, Wasserfall des Calneggia bei Foroglio.
- ÜBERNACHTUNGSTIPP: Hotel Mirafiori (Velotel), Via al Parco, 6644 Locarno-Orselina, Tel. 091/7431877, Fax 091/7437739 (DZ 80–98 sFr.).
- VELOHÄNDLER/-VERLEIH: Locarno: Bahnhof, Tel. 091/7436564; Belotti Sport, Via Citadella, Tel. 091/7516602.
- INFORMATION:
  - Ente Turistico Locarno, Largo Zorzi, Tel. 091/7510333, Fax 091/7519070.
  - Ente Turistico Vallemaggia in Maggia, Centro commerciale, Tel. 091/7531885, Fax 091/7532212.

36 Die grosse Seen-Tour

Locarno – Luino – Ponte Tresa – Brusino – Mendrisio – Chiasso – Cernobbio

Diese Tour führt durch eine mediterran anmutende Landschaft. Von Locarno mit seinen herrlichen Uferpromenaden am Lago Maggiore geht es zum Luganer See und dann weiter bis zur italienischen Grenze bei Chiasso. Wer Lust hat, kann kurze Zeit später am Ufer des Comer Sees die Tour abschliessen.

Von **Locarno** aus beginnt die Tour mit einer Fahrt auf dem Luganer See. Das Boot bringt Radler und Velo nach **Luino** auf italienischem Boden (Ausweis mitnehmen!). Dort fährt man etwa eine Stunde lang auf einer Nebenstraße direkt am italienisch-schweizerischen Grenzfluss entlang und kommt so ohne steilen Anstieg bei **Ponte Treso** direkt an den Luganer See. Von hier führt der Weg am südli-

Ausspannen am Comer See.

Vom Boot aus die Berge bewundern.

chen Ufer entlang zuerst ein kurzes Stück über italienisches Gebiet bis nach **Brusino.** Es ist möglich, von hier mit dem Boot hinüber nach Morcote und von dort am nördlichen Ufer entlang nach Lugano zu fahren. Wir folgen jedoch auf der Nord-Süd-Route in Richtung Chiasso und von dort weiter zum Comer See. Dazu benutzen wir eine interessante Variante über den **Monte San Giorgio** und nehmen in **Brusino** das Rad mit in die Seilbahn, die uns in knapp 10 Minuten hinauf nach Serpiano bringt. Von der Bergstation bietet sich eine grossartige Aussicht über den Luganer See. Darauf folgt die faszinierende Abfahrt auf einsamen Bergstraßen durch Wälder, Wiesen und kleine Ortschaften. Auf diese Weise kommt man über **Serpiano, Meride, Tremona** und **Besazio** ohne große Kraftanstrengung hinunter nach

- ZIELGRUPPE: 2
- CHARAKTER: Gemütliche Tour zumeist auf wenig befahrenen Nebenstrassen mit einer etwa einstündigen Schiffsfahrt gleich zu Beginn. Am Luganer See Fahrt mit der Seilbahn hinauf zum Monte San Giorgio mit anschliessender Abfahrt hinunter nach Mendrisio. Wegen des mehrfachen Grenzübertritts Ausweis mitnehmen.
- AUSGANGSORT: Locarno.
- ANREISE: Mit der Bahn und dem Auto durch den Gotthard-Tunnel und über Bellinzona nach Locarno.
- STRECKENVERLAUF: Locarno 🚉 – Luino (Schiff) – Ponte Tresa (10 km) – Brusino (18 km) – Monte San Giorgio (Seilbahn) – Mendrisio (15 km) – Chiasso 🚉 (10 km) – Cernobbio (10 km).
- KOMBINATION: In Locarno startet ebenfalls die Tour 35.
- LÄNGE: 63 km.
- HÖHENMETER: Steigung: 50; Abfahrt: 450.
- REINE FAHRZEIT: 5–6 Stunden.
- ROUTEN-MARKIERUNG: Zwischen Mendrisio und Chiasso Veloland Route 3 Nord-Süd.
- ESSEN UND TRINKEN: Entlang der Strecke gibt es in allen durchfahrenen Orten Einkaufs- bzw. Einkehrmöglichkeiten.
- SEHENSWERTES:
  - Locarno: Siehe Tour 35.
  - Ponte Tresa: Schokoladenmuseum.
  - Meride: Museum über Urweltfunde.
  - Mendrisio: historische Altstadt, Kunstmuseum.
- ÜBERNACHTUNGSTIPP: Siehe Tour 35.
- VELOHÄNDLER/-VERLEIH: Locarno: Stazione FFS, Tel. 091/7436564; Belotti Sport, Via Cittadella, Tel. 091/7516602; Garni Nessi, Via Varenna 79, Tel. 091/7517741.
- INFORMATION:
  - Locarno: Ente Turistico di Locarno e Valli, Largo Zorzi, Tel. 091/7510333.
  - Mendrisio: Ente Turistico del Mendrisiotto e Basso Ceresio, Via Maspoli 15, Tel. 091/6465761.

Mendrisio. Dort treffen wir wieder auf die Veloland-Route 3, **Nord-Süd**, auf der wir nach **Chiasso** kommen. Die letzten Kilometer muss man allerdings auf verkehrsreichen Straßen zurücklegen.
Als krönenden Abschluss der Nord-Süd-Route empfiehlt sich die kurze Weiterfahrt über die italienische Grenze nach **Cernobbio**, wo man bereits das Ufer des Comer Sees erreicht hat. Die Rückfahrt nach Locarno erfolgt später mit der Bahn von Chiasso aus.

Ortsregister

Erlebnisreiches Veloland

Schweiz

In derselben Ausstattung erschienen:

DM 26,80
öS 196,– / sFr 26,80

- 40 Touren
- Detailkarte zu jeder Tour
- ausklappbare Übersichtskarte
- praktisch für unterwegs durch Spiralbindung

www.bruckmann.de

Bruckmann